泛媒介丛书 | 蒋晓丽／主编

中国网媒研究

ZHONGGUO WANGMEI YANJIU

刘肇坤　马翠华　贾晓宇　杨　钊／著

项目策划：徐　燕
责任编辑：黄蕴婷
责任校对：罗永平
封面设计：墨创文化
责任印制：王　炜

图书在版编目（CIP）数据

中国网媒研究 / 刘肇坤等著． — 成都：四川大学出版社，2021.1
（泛媒介丛书 / 蒋晓丽主编）
ISBN 978-7-5614-7980-3

Ⅰ．①中… Ⅱ．①刘… Ⅲ．①计算机网络－传播媒介－研究－中国 Ⅳ．① G206.2

中国版本图书馆 CIP 数据核字（2021）第 032741 号

书　名	中国网媒研究
著　　者	刘肇坤　马翠华　贾晓宇　杨钊
出　　版	四川大学出版社
地　　址	成都市一环路南一段24号（610065）
发　　行	四川大学出版社
书　　号	ISBN 978-7-5614-7980-3
印前制作	四川胜翔数码印务设计有限公司
印　　刷	四川五洲彩印有限责任公司
成品尺寸	148mm×210mm
插　　页	1
印　　张	5.875
字　　数	142千字
版　　次	2021年4月第1版
印　　次	2021年4月第1次印刷
定　　价	28.00元

版权所有 ◆ 侵权必究

◆ 读者邮购本书，请与本社发行科联系。
电话：(028)85408408/(028)85401670/(028)86408023　邮政编码：610065
◆ 本社图书如有印装质量问题，请寄回出版社调换。
◆ 网址：http://press.scu.edu.cn

四川大学出版社
微信公众号

前　言

1987年9月14日21时07分,一封写着"Across the Great Wall, we can reach every corner in the world(越过长城,走向世界)"的电子邮件从中国兵器工业计算机应用研究所发往德国,标志着中国与国际计算机网络的正式接轨。彼时改革开放不到10年,懵懂的中国可能不会想到,在30多年后的今天,作为全球化体系中的后起之秀,本国的互联网产业无论是规模还是技术都已经进入了世界的第一梯队。

根据相关统计,2019年全球市值排名前十的互联网公司中有4家中国公司(阿里巴巴、腾讯、百度、京东),2019年中国独角兽企业数量占全球总数的46%,超过美国成为全球之首。中国互联网行业以百度、阿里巴巴、腾讯三大巨头(BAT)为首,辅以不同细分领域中的独角兽企业,构成了一个完整的经济生态产业链。根据中国互联网络信息中心(CNNIC)发布的第46次《中国互联网络发展状况统计报告》,截至2020年6月,中国的数字经济规模达到31.3万亿元,占国内生产总值的34.8%①,以数字经济为代表的新经济、新动能,正在国民经济发展中起着举足轻重的作用。

与此同时,中国网民规模已达9.4亿,占全球网民总数的1/5,互联网普及率达67%,高于全球平均水平5个百分点。相比世界大多数国家,中国人的生活方式已经与互联网媒介高度交织在一起。仅以移动支付为例,截至2020年6月,我国网络支付用户规模达8.05亿,占网民整体规模的85.7%,移动支付市场规模连续三年全球第一。②

然而,正如媒介环境学派所警惕的,媒介技术并非中性的,互联网技术在前所未有地赋予我们生活种种便利的同时,对人们的生活异化程度也在加深:数据搜集形成了新的超巨型"圆形监狱",监视着我们的一举一动,隐私形同虚设;大数据算法将对人的控制精确到秒,算法之下的劳动者依然是资本的牺牲品;"数字鸿沟"复制着现实社会中的阶级差距,民主平等之路依旧任重道远;媒介拟态环境制造虚假性幻想,在全球范围电子精神鸦片成瘾日益严重……

面对这些问题,我们虽然不能提出一劳永逸的解决办法,但始终不能停下思考的脚步。在这样的大背景下,以中国互联网作为对象进行研究,对互联网本土化进行学理观照,是有其价值与

---

① 第46次《中国互联网络发展状况统计报告》,中国互联网信息中心:中华人民共和国中央人民政府,2020年9月29日,http://www.gov.cn/xinwen/2020-09/29/content_5548176.htm.

② 第46次《中国互联网络发展状况统计报告》,中国互联网信息中心:中华人民共和国中央人民政府,2020年9月29日,http://www.gov.cn/xinwen/2020-09/29/content_5548176.htm.

意义的。

  针对这些问题，本书从4个与人们日常活动密切相关的网络媒介入手，它们分别是：影响人们社交活动的新浪微博，影响人们消费活动的淘宝网，影响人们信息获取的百度以及影响人们消闲娱乐的快手。研究者分别以新浪微博、快手直播、淘宝网、百度4个平台为分析案例，试图对这4家互联网企业进行历时性梳理和共时性归纳，探讨技术如何影响人们的生活、重塑当今的社会、改变我们的认知。如果本书所呈现的综述性文献资料能填补些许空白，给其他研究者带来参考价值，我们必将深感荣幸。

  《周礼》中《考工记》有述："知者创物，巧者述之守之，世谓之工。百工之事，皆圣人之作也。""工匠精神"追求极致，讲究以开放的视野吸收前沿技术，创造顶尖成果，它与互联网时代追求的创新一致，因而无疑是这个时代应为中国互联网企业所秉持的价值取向。这也是我和我的学生们所潜心追求的治学态度。

  知识的积累与呈现是一个认知不断深化并接近完善的探索过程，希望本书作为我们对互联网研究的一个阶段性成果，能够抛砖引玉，激发大家对这个领域及相关话题进行更深层的思考与讨论，促使学科与业界进步。本书如有纰漏，敬请读者、学者以及从业人员不吝指正。

蒋晓丽

目　录

第一章　新浪微博：连接你想观看的世界…………………（1）
　一、新浪微博的兴起与发展……………………………（2）
　二、新浪微博的属性特征………………………………（7）
　三、新浪微博的推荐算法………………………………（16）
　四、围绕新浪微博的学术探讨…………………………（18）
　五、代表性微博舆情事件回溯…………………………（34）
　结　语……………………………………………………（42）

第二章　淘宝：电商、社交一个都不能少…………………（43）
　一、淘宝的缘起与发展…………………………………（44）
　二、淘宝的盈利模式……………………………………（51）
　三、大数据技术应用案例：淘宝数据仓库建设始末……（57）
　四、关于淘宝的学术探讨………………………………（67）
　五、淘宝的社交化尝试…………………………………（76）
　结　语……………………………………………………（85）

第三章　百度：搜索引擎的商业探索………………………（86）
　一、中文搜索的百度时代………………………………（88）

二、技术主导的商业帝国 …………………………（90）
三、大数据时代的搜索引擎嬗变 …………………（98）
四、用户的百度 ……………………………………（102）
五、网络"把关人"：谁在负责议程设置 …………（108）
六、"中国版谷歌"与"魏则西"事件 ………………（112）
结　语 ………………………………………………（125）

第四章　快手：在这里看见每一种生活 …………（127）
一、何为快手：快手发展简史 ……………………（128）
二、快手何为：大数据搭建生活社区 ……………（131）
三、相关研究：学者眼中的快手 …………………（145）
四、用户为王：快手如何形成内容生态 …………（154）
结　语 ………………………………………………（159）

参考文献 ……………………………………………（161）

后　记 ………………………………………………（178）

第一章　新浪微博：连接你想观看的世界

新浪微博（Weibo），是新浪网推出的微博客社交媒体网站，也被称为中国版的推特（Twitter）。新浪微博自 2009 年 8 月创建，至今已走过 11 年的发展历程。2020 年 5 月，新浪微博发布该年度第一季度财报，报告显示，截至 2020 年 3 月底，新浪微博月活跃用户达 5.5 亿，移动端月活跃用户突破 5 亿，同期微博营收达到 22.7 亿元[①]。新浪微博作为 Web 2.0 时代的社交媒体，已然成为当下中国最具影响力的主流媒体之一。

11 年的成长历程不长也不算短，在迭代进化飞快、竞争异常激烈的新媒体领域，新浪微博已经渡过命运叵测的引入期和同行厮杀的发展期，正在向相对平稳的成熟期迈进，今后是铸造新的发展高潮还是走向衰退，可能难有定论，但是我们可以通过回溯它走过的历程，理解它当下的处境和所做的选择。本章将回顾新浪微博的兴起过程，介绍新浪微博的属性特征，梳理相关学术

[①] 林北辰：《快看　微博 2020 年第一季度财报：月活跃用户达 5.5 亿》，新浪财经，2020 年 5 月 19 日，http://finance.sina.com.cn/roll/2020-05-19/doc-iirczymk2482234.shtml.

研究并分析其舆情案例，从而呈现新浪微博发展的多个侧面。

一、新浪微博的兴起与发展

（一）背景

2006年3月，博客（Blogger）的创始人埃文·威廉姆斯（Evan Williams）推出了最早的微博（微型博客）服务平台推特（Twitter）。英文"Twitter"的原意是"小鸟的叽叽喳喳声"，用来形容人说话议论时的声音。用户可以经由SMS（短信息服务）、即时通信、电子邮件、推特网站，或推特客户端输入不超过140个英文字符的内容，随时发布和分享信息，实现简洁、及时、自主、互动的信息传播。推特问世之初，经历了一段波澜不惊的引入期，直到2006年9月旧金山地震，推友们通过推特发布现场信息，比一向以时效性著称的CNN提前了近20分钟，由此一举成名。

推特的成名引来国内互联网从业者的迅速效仿和跟进。2007年5月，王兴留美归国，建立了饭否网，开启了中国的微博时代。随后擅长技术创新的李卓恒创建了叽歪网，2007年8月腾讯推出腾讯滔滔，嘀咕网也于2009年年初成立，国内微博竞争格局形成。然而到了2009年7月，饭否网、叽歪网、嘀咕网被关闭，微博的发展一时间前途不明。这一时期，微博处于初始发展阶段。国内微博网站的规模小，总体上缺乏管理经验，服务功能主要是简单仿效国外产品；用户相对小众，关注度偏低，微博的价值没有充分体现。

（二）兴起的过程

新浪网于 2009 年 8 月推出新浪微博内测版，成为国内门户网站中第一家提供微博服务的网站，从此微博正式进入中文互联网使用主要群体的视野。新浪微博总结了饭否网、叽歪网、嘀咕网被关停的原因，将平台的安全运营放在最重要的位置，管理上"稳中求胜"，实行"两方三审制"，具有完善的监控机制。在用户运营方面，新浪微博采用了与新浪博客一样的"名人战略"。具体来说，新浪网门户网站利用多年来积累的资源优势，邀请明星、著名媒体人、各行业精英、高校名师等有广泛影响力的人开通微博，并对他们进行实名认证，进而吸引普通用户加入微博，这一战略使新浪微博名气大增。继"名人战略"之后，新浪微博又采取了一系列新用户推广策略，短时间内集聚了人气与影响力，发展势头强劲。

在新浪微博的影响下，2010 年微博出现了井喷式的发展，国内微博产品达到 20 余种。不仅搜狐、腾讯、网易等门户网站相继推出微博，新华网、人民网、凤凰网以及和讯财经等多家媒体网站也推出微博，甚至电视台这样的传统媒体、电信运营商也开始涉足微博业务。面对日趋激烈的竞争，新浪网从 2011 年加大对微博服务的投资，并探索商业化模式，尤其是借鉴国外同行经验，提供基于开放平台架构的寄存自生和第三方应用的社交网络服务及微博客服务。2013 年新浪微博广告和增值服务取得了营收和利润的强劲增长，主要有广告、数据授权服务、会员收费、游戏充值，其中微博广告收入占据新浪网广告收入的一半以上，成为新浪网的主要收入来源。①

2014年3月27日，新浪微博正式更名为"微博"，商标"Weibo"②。2014年4月17日，新浪微博在美国纳斯达克上市。这一年，持续了四年的"微博服务大战"落下帷幕：2014年10月，腾讯宣布将腾讯网与腾讯微博团队进行整合；2014年11月，网易宣布关闭微博业务，搜狐微博也不再更新。2014年成为新浪微博自诞生以来活跃用户增幅最大的一年。

（三）微博的媒体化发展

尽管新浪微博在微博领域的竞争中大获全胜，然而微信的壮大又使其面临巨大的挑战。2011年1月21日腾讯微信1.0版本悄然上线，起初市场几乎没有什么反响，而同年5月的版本增加了语音聊天功能，用户数量井喷式增长；2012年3月，微信用户突破1亿；为了进一步扩充平台的内容供应，2012年8月微信推出公众号服务；2015年10月，微信公众号数量突破1000万。③ 同样是社交微媒体，微信逐渐有后来者居上的态势。虽然新浪微博与微信的定位有明显的差异——微博是基于弱关系的社交圈，信息环境对所有用户都是开放的；微信是基于强关系的熟人社交圈，信息环境对非好友用户是封闭的——但是两者毕竟有

---

① 《新浪发布2013年第四季度财报》，新浪科技，2014年2月25日，http：//tech.sina.com.cn/i/2014-02-25/05329188789.shtml.

② 《新浪微博换标 更名为"微博"》，腾讯科技，2014年3月27日，https：//tech.qq.com/a/20140327/023647.htm.

③ 罗家德：《复杂：信息时代的连接、机会与布局》，中信出版社2017年版，第173-174页。

许多相似之处,例如都具有微小、便捷的特点,平台上内容丰富,云集了传统媒体、专业内容生产者和大量网民的合力生产内容,都旨在满足用户的社交与信息需求,因而用户在应用终端的使用时间上往往是此消彼长的。在这种情形下,新浪微博不断挖掘平台的弱关系优势,凸显平台的名人网络价值,丰富产品服务,走上了与微信的差异化竞争与发展之路。

与微信几乎同步兴起的还有各类短视频业务。新浪微博在短视频业务方面也抓紧布局。自2015年以来,新浪微博加大在内容运营方面的投入力度,积极推进视频化战略,深耕垂直领域,扶持MCN(Multi-Channel Network,多频道网络)机构,目标是为微博用户提供更专业和垂直的内容,解决PGC(Professionally Generated Content,专业生产内容)内容输出不稳定、变现能力不足等问题。[①] 具体来看,2015年,新浪微博联合"秒拍"母公司"一下科技",拨出一亿美元扶持移动短视频内容生产;2017年,在53个垂直领域中与包括一条视频、二更视频、大禹网络、papitube、罐头场、叮当时光等1200家MCN机构展开深度合作,提供产业、运营、商业等多方面的资源支持。[②] 2018年7月30日,新浪建立了"微博Vlog"官方账号,并于50天后正式发出微博Vlog博主征集令,微博成为Vlog集中与互动之地。总的来说,目前新浪微博在视频领域的布局日趋完善,呈现矩阵式发展格局,与今日头条相关视频领域形成竞争趋势。

---

① 黄楚新、刁金星:《我国微博发展的现状、问题与趋势》,《中国记者》,2018年第3期,第51—53页。
② 新浪微博数据中心:《2017微博用户发展报告》,知识库,2017年12月25日,https://www.useit.com.cn/thread-17562-1-1.html。

值得注意的是，在新浪微博探索发展新媒体领域的同时，传统主流媒体也在探索转型与媒介融合之路，2011年，大量的传统主流媒体在新浪微博开通官方认证账号。鉴于媒体微博在平台上产生的巨大影响力，人民网舆情分析师祝华新提出，2012年是"媒体法人微博元年"[①]。传统主流媒体入驻微博平台，不仅为新浪微博带来了巨大的流量，而且成为新浪微博内容生态的重要组成部分，加上名人明星、众多的PGC垂直圈层内容生产者，新浪微博呈现媒体化发展趋势。（表1-1）。

表1-1 新浪微博发展大事件表

年份	月份	事件
2007	5	王兴建立饭否网，随后李卓恒创建叽歪网
	8	腾讯推出腾讯滔滔
2009	2	嘀咕网成立
	7	饭否网、叽歪网、嘀咕网被关停
2009	8	新浪网推出新浪微博内测版
2010	—	国内微博产品达20余种
2011	1	微信1.0版上线
2012	—	"媒体法人微博元年"
2013	4	阿里巴巴集团5.86亿美元战略投资新浪微博
	8	微博和淘宝实现账号互通
	10	微博粉丝服务平台上线

---

① 转引自涂光晋、陈敏：《媒体微博的内容特色与生产机制研究——以三家报纸的官方微博为例》，《现代传播》，2013年第3期，第35页。

续表1-1

年份	月份	事件
2014	3	新浪微博正式更名为"微博",商标"Weibo"
	4	新浪微博在美国纳斯达克上市
	10	腾讯宣布将腾讯网与腾讯微博团队进行整合
	11	网易宣布关闭微博业务新闻,搜狐微博不再更新
2017	—	新浪微博在53个垂直领域中与MCN机构展开深度合作
2018	7	新浪微博建立"微博Vlog"官方账号

二、新浪微博的属性特征

新浪微博是主打社交功能的应用服务,其属性特征可归纳为用户群体、传播机制、技术架构与盈利模式4个方面。

(一)用户群体

用户是微博平台存在与发展的根基。如果说"70后"是广播的一代,"80后"是电视的一代,"90后"是互联网的一代,那么"00后"就是以微博为代表的社交媒体的一代。每一种媒介都会塑造人心,形成新的思想结构、行为模式乃至情感状况。新浪微博同时聚集了"70后""80后""90后""00后"这4代人[1],在微博这片舆论场上,可以看到"70后"的严肃内敛,

---

[1] 吴俊宇:《那些无法量化的微博价值》,2020年5月21日,http://column.iresearch.cn/b/202005/889555.shtml.

"80后"的自由怀旧,"90后"的张扬佛系,还有"00后"的激进冲动,这正是新浪微博独特的用户群生态。

1. 年龄性别特征

2019年3月新浪微博数据中心发布的《2018新浪微博用户发展报告》①(以下简称《报告》)显示,新浪微博用户中,男性占57%,女性占43%,男性用户略高于女性用户(图1-1)。

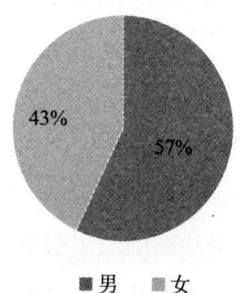

图1-1　2018年新浪微博用户性别比例

用户年龄分布中,23~30岁用户占40%,18~22岁用户占35%,31~40岁用户占14%,16~17岁用户和41岁以上用户分别占6%和5%;用户总体上以青年为主,汇集了"70后""80后""90后"和"00后"4代人(图1-2)。

---

① 新浪微博数据中心:《2018新浪微博用户发展报告》,知识库,2019年3月15日,http://www.useit.com.cn/thread-22578-1-1.html。

第一章 新浪微博：连接你想观看的世界

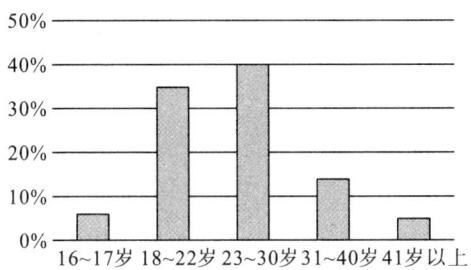

图1-2　2018年新浪微博用户年龄比例

2. 地域分布特征

至2018年，新浪微博的用户几乎覆盖全国，遍布国内一线、二线、三线、四线及以下城市，包括港澳台地区。与2017年相比，新浪微博的月活跃用户中，来自一线、三线城市的用户比例不变，分别占用户总数的16%和25%；来自二线城市的用户比例下降2%，占比24%；来自四线及以下城市的用户占比从28%上升至31%，占比最大；港澳台地区及海外用户占比从5%下降到3%（图1-3）。①

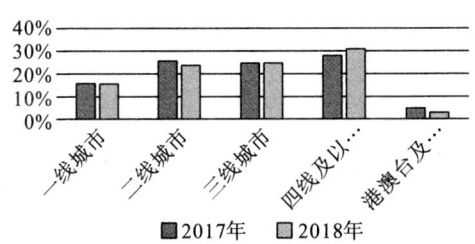

图1-3　2017、2018年新浪微博用户地域分布比例

---

① 新浪微博数据中心：《2018新浪微博用户发展报告》，知识库，2019年3月15日，http://www.useit.com.cn/thread-22578-1-1.html。

9

3. 使用数量趋势

新浪微博的移动化使用趋势明显,尤其是 2016 年,在移动端使用短视频、直播视频的用户数量飞速增长。《报告》显示,2018 年新浪微博的月活跃用户中,移动端占 93%,互动热情高,例如世界杯期间参与讨论的用户数达 1 亿,用户总互动超过 10 亿次,短视频播放总量达 170 亿条。[1]

(二) 传播机制

显而易见,新浪微博是在推特的传播模式的基础上发展起来的,但是由于社会文化、经营策略以及国家政策等因素的不同,作为一种改良版的推特,新浪微博既继承了推特的某些媒介特征,又对其进行了较大的改造,逐步形成自己特有的传播机制,具体可以概括为微内容、微场景、微互动、微社交 4 个方面。

一是微内容,即微博内容微型化,带来简便易用的用户体验。新浪微博将推特 140 个英文字符的单条信息容量改为 140 个汉字,这样既保持了微博的短小简便,也更加适应国内用户的使用习惯。它鼓励用户用 140 个汉字来描述他们的生活体验,作为关于个人生活的日记本,它提供记录、诉说和反思日常生活的渠道;作为信息传播的媒介,它允许用户以一种"跟随"(follow)的方式主动选择接收各种信息。微博字符的限制在一定程度上促成了每条信息简练、即时、随意的特性,也为微博用户提供了平

---

[1] 新浪微博数据中心:《2018 新浪微博用户发展报告》,知识库,2019 年 3 月 15 日,http://www.useit.com.cn/thread-22578-1-1.html。

等参与的机会。①

二是微场景,即微博传播是突破时空限制的场景直播,它改变了我们认知世界的方式。2011年,新浪微博推出了基于位置和社区互动的 LBS(Location Based Service,基于位置的服务),并在移动端的产品设计中放大移动社交的元素,鼓励用户记录地理位置信息,从而展开基于地点的周边群体的社交活动。一方面,微博的场景直播很可能呈现碎片化的信息,它反映了某些事件或空间上的某个点的状态,但是另一方面,当很多碎片被以一种内在的逻辑拼贴在一起时,就可能反映事物的全貌,还可能带来全面、深刻的认识与发现。

三是微互动,即微博互动方式多元化,促使信息传播产生"核裂变"效应。一方面,新浪微博用户可以通过转发、评论以及点赞等方式与他人实时互动,微博多元的互动方式使微博平台上不断流动着大量信息,促使各种有价值的信息得到广泛扩散;另一方面,微博转发带来丰富的评论,评论又可以成为微博内容的重要组成部分,这样,微博的信息传播通过层层转发形成很多"次级传播",产生"核裂变"效应。

四是微社交,即微博的信息传播与社交相结合,从而增强了信息传播的影响力。微博信息传播是嵌套在一定的社会关系网络中的,以"点对面"的现场直播方式进行。微博传播往往以一定的关系资源为背书,不论这种关系是"强关系"还是"弱关系",都可以使信息的传播建立在信任的基础上,其效率和影响力巨大。

---

① 张子华:《微博的传播机制及影响力分析——以新浪微博为例》,《科技传播》,2016年第3期,第48页。

总之，新浪微博以微内容、微场景、微互动、微社交为特点的传播机制，使其逐渐具备与其他社交媒体全然不同的传播气质和个性，一路发展，不断扩展自己的领域，成为众多社交媒体中极具个性和价值的一员。

（三）技术架构

技术架构是软件产品的骨架，它把组件、环境纳入其中，使产品性能得以发挥。架构在平台发展中发挥着越来越重要的作用，驱动着平台的技术升级、业务开发、系统运维服务[①]。同时，对于一个互联网服务应用来讲，架构还是一种权衡，它不一定有很复杂的技术难点，但要能把握用户的需求。新浪微博平台首席架构师杨卫华在一次公开演讲中，介绍了新浪微博基层架构的3个版本：LAMP架构、SOA架构、第三代架构。

1. 为解决发布规模的LAMP架构

新浪微博架构的第一版是LAMP架构，选用Linux操作系统，使用Apache作为Web服务器，采用MySQL数据库，并使用Php进行数据库连接。以上技术具有易开发、低成本、灵活等特点，因为Linux、MySQL、Apache和Php都是开源应用产品。总的来说，LAMP架构的优点是可以快速实现发布和订阅消息的功能。它采用推消息模式，例如一个明星用户有10万个粉丝，当他发布一条微博的时候，系统就把该条微博消息存成

[①] 卫向军：《亿级用户下的新浪微博平台架构》，2015年1月19日，http://www.infoq.com/cn/articles/weibo-platform-archieture。

10万份，分别推送给粉丝，从而解决了发布规模的问题。应用LAMP架构的微博服务一经推出，就受到中国广大网民的欢迎，很快成为继QQ、飞信后使用人数最多的网络服务。

2. 为解决数据规模的SOA架构

随着用户规模迅速扩大，最初的推消息模式使微博系统不堪重负，第一版LAMP架构不再适用。新浪微博的第二版架构对业务功能进行了模块化、服务化和组件化，后台系统中Php替换为Java，逐渐形成SOA架构。它解决了消息发布延迟的问题。

3. 为解决服务化的第三代架构

新浪微博的核心价值是高实时性，为了保障在微博核心业务上快速、高效、可靠地发布新产品、新功能，新浪微博在SOA架构的基础上，经过长时间的重构、线上运行与改进，形成了第三代架构。

4. 平台安全架构

除了以上3个版本的架构，新浪微博在平台安全方面的架构设计也值得注意。新浪微博接口是完全开放的，所以需要防范恶意行为，为此新浪微博在安全架构方面做了三个层面的设计。最上层进行实时处理，可以根据发布频度、内容的相似性来判断是不是广告或垃圾内容。中间层是一个日志处理器，可以根据一些行为进行判断，比如一个账号潜伏了几个月后开始发广告，平台可以事后把这些账号清除掉，以保证平台的健康。最后是通过监控的维度来保证内容的安全，实时拦截可以屏蔽50%的非安全内容，离线分析可以屏蔽40%的非安全内容。①

总之，对于新浪微博而言，技术架构的目标是将安全服务放在第一位，带来良好的用户体验，创造经济效益。

（四）盈利模式

新浪微博于 2015 年扭亏为盈。2015 年 9 月，微博与 Socialbakers 合作的微博营销分析产品上线，同时还与秒针、AdMaster 等第三方监测机构展开合作，以提供微博广告投放的社交监测分析数据，帮助企业分析其社交营销的效果。② 2016 年微博净营收和活跃用户数继续增长，在三线、四线城市的渗透率进一步提升，微博短视频业务明显增长。总体来说，新浪微博通过对用户数据的分析和挖掘，为企业提供精准营销服务，开启了以广告推广为核心的盈利模式。

1. 页面精准投放广告

新浪微博平台上每个用户都可以关注好友动态并分享新鲜事，而好友分组功能把用户标签化，使用户特征明显。微博利用后台数据，汇总分析出用户特征，提高广告投放的针对性。另外，基于关键词的搜索广告成为一种高效的广告展示位。

---

① 《微博首席架构师杨卫华：新浪微博技术架构分析》，新浪科技，2010 年 11 月 16 日，http://tech.sina.com.cn/i/2010-11-16/14434871585.shtml。
② 新浪微博财报：《2015 年 Q3 新浪微博净利 1450 万美元　同比扭亏》，中国互联网数据资讯网，2015 年 11 月 19 日，http://www.199it.com/archives/407317.html。

2. 品牌营销活动策划

新浪微博定期开展一些品牌活动,如"欢乐购车季"、年度红包盛典"让红包飞"等,在助力企业品牌营销的同时增加平台自身收入。

3. 数据服务收费

微博用户在微博上产生的一系列"行动足迹"被微博运营商后台记录下来,在遵守国家关于个人网络信息安全管理的法律法规的前提下,运营商可以将用户信息进行分类汇总,继而做数据分析,建立一个分类数据库,及时追踪完善,并结合数据挖掘技术,最终形成有偿分析报告。这是近年来微博营收中的一项。[1]

4. 增值服务探索

第一,新浪微博借鉴腾讯的增值服务盈利模式,推出了"微博会员"服务,开通微博会员的用户可以享受到诸如装扮特权、身份特权、功能特权等不同服务。第二,开展"微博+电商"模式,2014年4月,淘宝天猫和微博合作,实现数据共享和挖掘,提升了电子商务的到达率、成单率和转化率。第三,新浪微博还同第三方网站分享流量盈利,例如由微博链接到其他视频网站,也能给平台增加收入。第四,随着游戏业务成为很多公司的盈利重点,新浪微博已展开付费游戏业务的开发。

---

[1] 杜晴晴:《新浪微博的盈利模式及发展建议》,《新闻世界》,2015年第5期,第159页。

三、新浪微博的推荐算法

用户使用微博，主要有 6 种操作：原创、转发、回复、阅读、关注、@。其中，前 4 个针对的是微博内容，"关注"和"@"针对的是用户关系。对于微博而言，内容、用户、用户关系网络结构是其数据三要素，微博推荐系统通过挖掘社会化数据、梳理和优化用户关系网络、打通内容传播链条、引导信息定向传播，最终为用户呈现优质的个性化推荐。[①] 这其中，推荐算法是微博推荐系统的核心。[②]

推荐算法不是独立存在的，它需要根据平台的特性进行优化。许多研究者不断探索社交平台数据的特殊性，研究适合微博数据的推荐算法。但是由于微博环境的复杂性和微博数据的独特性，各算法的推荐技术并不完善，还需要不断优化。以下主要介绍微博基于用户标签的推荐算法、基于内容的推荐算法、协同过滤推荐算法和混合推荐算法。

（一）基于用户标签的推荐算法

微博推荐系统为了获得每个用户的兴趣，给用户打上标签，每个标签代表用户的一个兴趣，一个用户可以拥有一个或多个标

[①] 姜贵彬：《大数据驱动下的微博社会化推荐》，腾讯云，2018 年 6 月 6 日，https://cloud.tencent.com/developer/article/1143853.

[②] 黄震华、张佳雯、田春岐、孙圣力、向阳：《基于排序学习的推荐算法研究综述》，《软件学报》，2016 年第 3 期，第 693 页。

签。基于用户标签的推荐算法，取其好友或粉丝中标签最多的一个或多个，或将其好友和粉丝的标签都考虑在内，给好友和粉丝的标签分配不同的权重，再进行计算。基于用户标签的推荐算法实现起来比较简单，但是当用户与好友、粉丝的兴趣不一致的时候，该算法的效果不佳。①

（二）基于内容的推荐算法

基于内容的推荐算法根据用户的历史记录与推荐内容之间的相似度，向用户推荐内容。该算法首先将微博的不同话题内容表示为特征向量，再根据用户的历史记录分析构建用户的兴趣特征向量，计算两者之间的相似度，最后向用户推荐与其兴趣相似度高的话题内容。这种推荐算法依然存在不足，一是它处理的主要是文本信息，对音频、视频等多媒体信息的处理存在困难；二是该算法基于词袋的概念挖掘用户的兴趣，不能处理一词多义和同义词的场景，无法挖掘用户的潜在兴趣，推荐多样性不足。②

（三）协同过滤推荐算法

协同过滤算法是目前最流行、应用最广泛的个性化推荐技术③，它首先分析出与目标用户兴趣相似的用户，再将相似用户

---

① 张石雨：《新浪微博背后的那些算法剖析》，2015年1月19日，中国大数据产业观察，http：//www.cbdio.com/BigData/2015-01/19/content_2282792.htm。
② 赵泳涵：《基于社交网络的个性化推荐系统的设计与实现》，扬州大学硕士学位论文，2019年，第15—16页。
③ 转引自李超逸、张仰森、佟玲玲：《一种基于社区发现的微博个性化推荐算法》，《微电子学与计算机》，2017年第6期，第40页。

喜欢的项目推荐给目标用户。具体来说，使用微博话题特征向量和微博话题特征矩阵对用户话题的偏好进行统计，找到和目标用户最近的相邻用户，通过预测评分找到他们感兴趣的话题，推荐给目标用户。但是对于新用户来说，该算法由于缺乏历史记录数据，计算效果不佳，这种状况被称为"协同过滤算法的冷启动问题"。[①]

（四）混合推荐算法

将基于内容的推荐算法和协同过滤推荐算法结合起来，就形成了混合推荐算法。这种算法避开了原先两种算法的弊端，汲取两个算法的优点，不仅可以解决协同过滤算法存在的冷启动问题，还可以增加协同过滤中推荐项目的覆盖率，在微博推荐中效果较好。[②] 具体来说，该算法先进行协同过滤推荐，再进行基于内容的推荐，最后将两者混合推荐的微博话题集合起来推荐给用户。

以上是对新浪微博使用的4种主要推荐算法的简单介绍，在实际应用中，算法要复杂得多。

四、围绕新浪微博的学术探讨

随着微博在国内的出现，2009年开始有学者对微博展开研

---

① 何佳知：《基于内容和协同过滤的混合算法在推荐系统中的应用研究》，东华大学硕士学位论文，2016年，第10—15页。

② 何佳知：《基于内容和协同过滤的混合算法在推荐系统中的应用研究》，东华大学硕士学位论文，2016年，第4—5页。

究，至2010年，微博研究成为学界的热门主题，2013年微博研究论文数量达到顶峰，之后逐渐回落。早期的微博研究主要围绕微博的传播特点、传播模式等媒介特征展开，随着研究的深入，学者逐渐关注微博传播中的现实问题，研究范围拓展至传播形态、社会功能、媒介融合和规范治理等多个方面，以策略研究数量为多；在研究视角上，多从新闻学和传播学的视角切入，借用相关理论来阐释微博现象；研究方法以个案研究法和内容分析法居多，也有社会网络分析和模型分析等实证方法。

（一）聚焦微博舆论传播的舆情研究

微博在国内外的成名，与它能够及时报道突发事件有重要关系。微博作为Web 2.0时代的新兴媒体，是发布新闻、传播信息的绝佳阵地。通过微博这个简便易用的自媒体，无论是普通网民，还是记者、媒体，都可以随时随地发布所见所闻，这也赋予了微博新闻原生态化和日常化的特点[①]。由于新浪微博数据开放、内容短小的特点，利用相关软件抓取网民的微博使用数据进行内容分析，成为学者研究微博平台新闻与舆论传播规律的首要方法。

徐占品和李思怡对"7·21"北京特大暴雨、四川雅安地震和甘肃定西地震自然灾害事件相关的微博内容进行了统计分析和比较，发现自然灾害事件中，微博发布主要集中于灾后的一周之内，随着时间的推移，信息价值逐渐降低，微博数量逐渐减少。

---

① 杨剑锋：《原生态与日常化：微博新闻的本质特征》，《新闻知识》，2013年12期，第9页。

微博灾害信息中，用户关注的内容类型按关注度从高到低排序，依次是"灾情""救助""哀悼""舆论监督"以及"求助"。具体来看，灾后的第一个统计日（研究者将灾情发生后的24小时记为一个统计日）里，对"灾情"的关注是最多的，之后对灾情的关注度逐渐降低；"救助"内容在灾后的第三个统计日和第四个统计日达到高峰，"哀悼"信息随着时间的推移数量逐渐增多，至第七个统计日达到最高峰。研究者指出，突发自然灾害事件中的微博传播在服务灾害救助、满足受众知情权、正确引导社会舆论和开展防灾减灾科普宣传等方面，都发挥着重要的作用。[1]

新冠肺炎疫情的持续扩散，对国人生活的方方面面带来剧烈的冲击。陈兴蜀和常天祐等依托2020年1月1日至2月29日间共计6万条新浪微博博文与1.5万条微博热门评论，基于分布式爬虫技术、分布式数据库系统、SnowNLP情感分析模型以及K-Means文本聚类算法，对于话题"新冠肺炎疫情"展开可视化舆情分析。研究发现，网民对此次疫情的态度大致经历了三个阶段，即起伏不定的紧张焦虑期、缓慢攀升的团结振作期以及波动很小的自信平稳期，总体上呈现积极大于消极、正面大于负面的情绪状态；在空间维度层面，通过地理统计分析，发现疫情最严重地区网民评论人数最多，同时情感值最低。[2] 可以看出，突发事件发生后，无论是普通网民还是相关当事人，通过微博获取和发布信息，表达观点或释放情绪，甚至是组织行动，已成为一种

---

[1] 徐占品、李思怡：《突发自然灾害事件中的微博传播研究——以新浪微博为例》，《新闻爱好者》，2013年第11期，第69—73页。

[2] 陈兴蜀、常天祐、王海舟、赵志龙、张杰：《基于微博数据的"新冠肺炎疫情"舆情演化时空分析》，《四川大学学报》，2020年第2期，第409—416页。

趋势。

突发事件中的舆情传播离不开舆论引导。张玥和孙霄凌等以新浪微博和新浪新闻为比较平台,以钓鱼岛事件引发的打砸日系车系列突发公共事件为例,对突发公共事件在两类平台上舆情传播的特征和规律进行分析、比较和总结。研究显示,这一突发公共事件在两类平台上的生命周期大致相同,相比网络新闻平台,微博的信息披露更早,信息数量更大,具有持续累积的特点;两类平台都发挥了舆论引导作用,其中微博平台的内容更加生动、灵活,而且微博借助其"短链"功能,可以连接两类平台。研究者建议,新闻机构在舆情引导中可以将两类平台结合,利用微博实现快速和广泛的传播,结合网络新闻平台对事件做深入剖析,满足网民不同阶段的信息需求。①

微博不仅关注当下的事件和新闻,对于过往没有得到解决的事件也可以发挥积极的影响。张征和何苗关注到微博新闻对社会问题的追溯现象,那些原本作为新闻背景的、已经过去的类似事件,经过微博一系列的发布、转发和评论后,逐渐取代了当下的新闻,成为新的关注点。分析认为,微博的新闻追溯展示了舆论自由的正向作用,强化了对政府相关部门的监督和问责,弘扬了正确的社会价值观,推进诸多社会问题从根源上得到解决。② 这其实也属于微博舆论监督的范畴。另一个有关舆论监督的代表性案例是"表哥"事件,邓秀军和刘静以"表哥"事件作为研究对

---

① 张玥、孙霄凌、朱庆华:《突发公共事件舆情传播特征与规律研究——以新浪微博和新浪新闻平台为例》,《情报杂志》,2014年第4期,第90—95页。
② 张征、何苗:《微博新闻对社会问题的追溯现象研究——以新浪微博学生中毒事件报道为例》,《国际新闻界》,2013年第12期,第70—83页。

象,采用社会计算量化分析的实证研究方法,对微博反腐舆论生成中的用户行为模式进行探究和揭示。研究发现,不同类型的微博用户在微博舆论的生成中起着不同的作用。在微博舆情的潜在期和突发期,匿名用户和认证用户对舆论的生成与放大产生了重大的影响。匿名用户虽然单个主体的影响力较小,但是基数大、社会覆盖面广,能够获得更多的事实材料,所以在舆情的引发阶段影响很大。认证用户虽然基数较小,获得惊爆信息的可能性也相对较小,但是有着较高的信誉度和较大的影响力,反腐相关信息通过他们在微博平台上跟进和扩散,可以覆盖更多和更高质量的受众。在微博舆情的蔓延期和解决期,则是媒体微博的影响力更大,真正主导和推动舆论进行反腐的是传统媒体的官方微博。① 总之,"表哥"事件能够快速得到解决,是匿名用户、认证用户和媒体微博等各类舆论主体有机互动形成合力的结果。

微博给网民提供了更自由的言论平台和更便捷的参与方式,但是网民在意见表达的过程中并不都是理性的。范敬群和贾鹤鹏等通过对 2012 年夏"转基因黄金大米"事件在新浪微博上 7 个多月的传播形态进行内容分析,发现在一个争议性话题上,网友因态度而聚合,但彼此之间很少出现直接、民主的辩论,科学知识缺位。研究者认为,微博空间中的谣言和不实信息一定程度上反映了网民对监管缺位、决策不透明、信息不公开和社会管理能力欠缺的反感,这种情绪在主流的话语体系中难以得到表达,而微博提供了言说的空间。学者因此建议,科学传播应该采取在知

---

① 邓秀军、刘静:《主体关系视域下微博反腐舆论生成中的用户行为模式研究——基于对新浪微博"表哥"事件的社会计算分析》,《新闻与传播研究》,2013 年第 12 期,第 82—93 页。

识生产上平等和互动的公民立场。① 杨洸分析了"广州区伯嫖娼"事件中新浪微博的舆论演化特点，在这个有关私德和公车私用的监督的事件中，整体舆论环境并不多元，而是轻事实，重情感发泄，舆论呈现出意见极化和众口一词的共生特点，其所得出的共识是一种破碎的共识；同时，意见领袖在网络商议中的引导作用显著，但是网络商议的民主特征不强。学者因此提出，社会化媒体仅从新媒体技术层面无法赋予网络商议以民主的特质，还需要依赖网络社会规范和网民行为实践的共同作用。②

（二）探讨微博公共领域可能性的文化权力研究

微博的出现无疑带来中国舆论生态的改变，许多网民从围观走向表达，从情绪发泄走向理性反思，而这是一个潜移默化的过程。胡泳认为，微博平台在中国是第一个跨越阶层和地域的公共领域。张跣也提出，就传播特性而言，微博是现有技术和社会条件下最有可能接近公共领域的。很多学者都意识到，微博正在建构一个全民参与的新型多元结构。尹连根从结构、再现和互动三个向度分析了微博的公共领域表征，结构上，微博重构了我国公共领域的既定格局，颠覆了传统媒体以往在公共领域所具有的垄断性话语地位；再现上，微博的可视性带来信息的可见与意见的可辩，有助于培养知晓公共事务的大众和形成公共论坛；互动

---

① 范敬群、贾鹤鹏、张峰彭、光芒：《争议科学话题在社交媒体的传播形态研究——以"黄金大米事件"的新浪微博为例》，《新闻与传播研究》，2013年第11期，第114页。

② 杨洸：《社会化媒体舆论的极化和共识——以"广州区伯嫖娼"之新浪微博数据为例》，《新闻与传播研究》，2016年第2期，第66页。

上,微博在成为民意平台的同时,也让公众与媒介、政府机构之间的互动关系扁平化和前台化。①

由此可见,微博公共领域的可能性与微博平台的话语特征和媒体属性相关。余秀才和朱梦琪指出,微博140字的话语表达对民众来说是一个祛魅的过程,既祛除了为精英所掌控的传统大众媒介固有的复杂表达模式,也祛除了一般网络论坛与社交媒体浮夸与不着边际的散漫表达模式,从而在话语表达上"将平民拉到了和莎士比亚同样的水平线上"。这种字数限制,看似将信息传播切碎成一个个微小片段,但这种碎片化弱传播却使得信息、传播行为及传播者呈指数级增长,很容易形成传播的"蝴蝶效应"。与此同时,中国自古有"文人论政"的传统,微博中的实名加"V",促使微博上的"大V"们以更活跃的姿态参与突发事件舆论。普通网民在脱离现实环境束缚的情况下也往往会放胆直言,参与事件评论、事件调查,在共同的情感体验、交流中形成相对一致的舆论观点。但是学者又指出,依据哈贝马斯公共领域理论,微博与公共领域耦合的前提是公众可以自由、理性地发言;现代自由主义理论也从英国政治家约翰·弥尔顿关于自由的论述中发展出两个重要原则,即"观点的公开市场"和"自我修正过程"。但现实中,自由与理性的发言在我国的微博舆论空间中仍难实现。② 此外,刘立刚和李威指出,微博传播自身所具有的匿名性、去中心化和信息碎片化等特点,在塑造公民意识的同时也

---

① 尹连根:《结构·再现·互动:微博的公共领域表征》,《新闻大学》,2013年第2期,第60—68页。

② 余秀才、朱梦琪:《微博、公共领域与后现代文化》,《现代传播》,2015年第2期,第135—138页。

在消解公民意识，增加了公共领域的不确定性。[①] 总之，微博提供了一个实践传媒公共领域的工具理性平台，但缺乏哈贝马斯"交往行动理论"所强调的具有价值理性的实践主体，距离传媒公共领域的理想仍存有不小距离[②]。

（三）探析微博使用行为与社交关系的用户研究

微博集即时书写、记录、信息传播与分享、社会交往等功能于一体，用户在信息生产与分享的过程中，构筑起一个以自己为中心的社交网络。盛东方和剧晓红采用网络爬虫进行数据搜集，对参与社会化分享的用户个人特征进行统计，发现新浪微博用户以 18~30 岁的青年群体为主；在国内集中在东南沿海以及中部地区，在国外则以经济发达国家和地区为主；女性用户在社会化分享上的参与度较高；用户大多利用空闲时间进行社会化分享。另外，粉丝数、关注数与社会化分享量之间的相关性均极弱，表明社会化分享是一种具有"草根"属性的全民参与的线上活动。分析发现，从社会化分享的内容角度看，视频和音频类内容大量被用户分享；此外，不同的用户群体对社会化分享内容的选择存在差异，用户的个人特征和社交媒体使用特征均对内容的扩散产生影响。[③] 吴敏琦通过问卷的方式考查了微博用户在日常生活中

[①] 刘立刚、李威：《微博传播对公民意识形成的负面影响分析》，《新闻知识》，2013 年第 9 期，第 3 页。

[②] 郭讲用：《微博约架：传媒公共领域的实践困境》，《当代传播》，2013 年第 3 期，第 68 页。

[③] 盛东方、剧晓红：《基于社会化分享模式的信息共享用户与其行为特征识别——以新浪微博为例》，《情报科学》，2018 年第 8 期，第 67-71 页。

信息获取的行为模式，发现用户通过微博获取日常生活信息具有以人际伦理关系、名人效应以及热门话题为核心的显著特征。调查表明，由于发布微博的个人没有太多的时间和精力去亲身获得或者核实信息，所以不能保证发布内容的准确性和权威性，这成为阻碍人们通过微博获取日常生活信息的主要因素。研究者因此得出结论：微博在获取即时性、交互性的日常生活信息方面有绝对的优势，而在搜寻和获取非实时信息方面的功能有待加强。[①]

孙会和李丽娜通过对新浪微博"转发排行榜"的内容分析和网络追踪观察，探析了高转发率微博的文本特征、影响因素以及用户转发的心理动机。研究发现，内容上轻松实用、形式上图文并茂的信息更具转发优势，而"号召转发"并不一定能带来高频次转发。影响微博高频次转发的因素有粉丝规模、微博信息类型以及粉丝群体中的活跃用户数等；用户高频次转发微博的心理动机包括满足情感需要、建立自我认同、消遣娱乐、满足社交需要等。[②]

李先知和金兼斌从网络关系和网络行为两个层面分析分散的微博用户个体如何产生集体的网络行为。分析认为，新浪微博用户主动构建的网络关系群体可以划分为个人的熟人关系圈、业缘关系圈、名人明星圈和公共组织圈4种类型。这4种关系群体使分散的网络个体呈现出类型化的网络关系特征，公共组织圈和名人明星圈发挥着"结构洞"作用，将异质信息通过个体用户直接传递到其熟人关系圈和业缘关系圈，从而让信息在聚合的小群体

---

① 吴敏琦：《微博用户日常生活信息获取行为模式及其影响因素研究》，《情报科学》，2013年第1期，第86－90页。
② 孙会、李丽娜：《高频次转发微博的特征及用户转发动机探析——基于新浪微博"当日转发排行榜"的内容分析》，《现代传播》，2012年第6期，第137－138页。

内部快速传播。微博普通用户受到已有网络关系结构和传播格局的规制,其微博网络行为被结构化;"大V"用户趋向于构建群体性网络关系;网络平台试图构建公共性网络影响,这些不同主体都趋向于构建集体化的网络行为。因此,享有网络赋权的分散的网络用户,在网络关系和网络行为层面都趋向于构建一种群体化的网络结构,形成了集体化共同圈的网络生态。[①]

整体来看,此类研究从微博用户的微观行为入手,最后推演出整个用户群体的互动关系逻辑,对于了解微博网络社群的互动原理,具有很大的启发。

(四)探讨传统媒体融合微博发展的业务研究

自社交媒体兴起以来,传统媒体对媒介融合的关注逐渐从"报网融合"转向了"两微一端"(微博、微信、手机客户端),并认为后者正在成为传统媒体摆脱困境的必由之路[②]。中国人民大学舆论研究所与灵思营销联合发布的《2011—2012年媒体微博运维白皮书》显示,截至2012年11月18日,新浪微博媒体机构账号总数从2011年12月底的1.16万左右增至1.8万左右(其中报纸类媒体微博账号有747个),这些媒体机构账号的粉丝数量已经突破两亿,接近新浪微博用户总数的1/2。涂光晋和陈敏根据新浪微博发布的2012年度媒体类微博影响力百强榜单,选取报纸类媒体微博排名前三的《南方都市报》《新闻晨报》《人

[①] 李先知、金兼斌:《集体化共同圈:社交媒体的网络生态格局》,《现代传播》,2013年第12期,第149—150页。

[②] 胡翼青、沈伟民:《艰难的嵌入:反思"两微一端"的当代社会实践》,《编辑之友》,2018年第6期,第5页。

民日报》微博账号,对其内容进行了比较研究。研究显示,三家媒体的同名微博账号在内容发布上各有特点:"南方都市报"微博注重整合旗下子栏目的微博资源,构建微博矩阵,打造整个报系的品牌;"新闻晨报"微博注重提供轻松有趣的资讯类信息,致力于服务本地受众;"人民日报"微博注重观点的表达和传递,在观点市场中形成有力的引导。研究者认为,三家媒体微博不同的内容发布特点背后,是三家媒体在微博运营中不同的内容生产机制在起作用。研究者进一步提出,后工业时代的新闻业,新闻机构不再完全掌控新闻,借助技术力量,受众的话语权在增强,而记者将更多地从新闻一线的生产者转向新闻的核实者和阐释者。对于传统媒体而言,开通微博既是面对新媒体挑战的一条不可绕开之路,也是其改变新闻生产方式、增强自身影响力的有力武器。[1] 可见,传统媒体与微博的融合需要在实践中创新方法,媒体不仅需要为用户提供个性化的内容产品和差异化的定位服务,还需要与用户建立一种适应新信息环境的传播关系,探索更进步的信息传播模式。

2014年8月18日,中央全面深化改革领导小组第四次会议审议通过《关于推动传统媒体和新兴媒体融合发展的指导意见》,主流舆论阵地向移动互联网迁移有了顶层设计。[2] 2015年成为"互联网+"模式元年,传统媒体和新技术、新传播形态的"联姻"速度加快,逐渐实现以新媒体为本位,形成"两微一端"、

---

[1] 涂光晋、陈敏:《媒体微博的内容特色与生产机制研究——以三家报纸的官方微博为例》,《现代传播》,2013年第3期,第35—40页。

[2] 曹英、刘雅卓:《媒体融合发展序幕开启》,《中国经济时报》,2014年8月25日第2版。

视频、户外屏等多态化的发展模式。向安玲、沈阳和罗茜对110家国内主流媒体展开调查，发现60%的主流媒体已完成"两微一端"布局，央媒用户规模领跑全国，广东、上海等地方媒体创新成果凸显。但限于人力、经费、制度、技术等资源条件，媒体"两微一端"运营后备动力和创新激励不足；在管理方面，仍存在创新不足、效率不高、反馈不及时等问题。研究认为，在确保资源投入的基础上强化服务意识、打造精品内容、创新盈利模式、形成差异化竞争、优化管理手段，是媒体"两微一端"融合发展的趋势。①

然而，在"两微一端"发展进程中，传统媒体文化资本难以转换成商业资本，不仅缺少用户需要的刚性信息，而且无法与传统的组织文化相契合，处境尴尬。据此，胡翼青和沈伟民认为，传统媒体"两微一端"并不能带来期待中的变革；政务"两微一端"可提供各种具有服务性和实用性的刚性信息，为政府提供一个重要的展示窗口，同时也对政府的行政管理水平与社会治理水平提出了较高要求；企业"两微一端"的运作最为微妙，它可能带来更多的文化资本，实现商业资本的增值，但受制于很多外在因素，运营时往往并不是一帆风顺。两位研究者进一步提出，一种技术嵌入的成功与否，在很大程度取决于它是否能适应和改变所在组织的制度、观念以及资本转换方式。"两微一端"的发展不到十年，它的市场神话已破灭，但它终将成为一种嵌入我们日常生活的信息传播平台，悄然发挥作用，尽管艰难但仍会悄悄地

---

① 向安玲、沈阳、罗茜：《媒体两微一端融合策略研究——基于国内110家主流媒体的调查分析》，《现代传播》，2016年第4期，第64-69页。

适应并改变周围的环境。①

(五) 围绕微博营销推广的应用研究

微博这个理论上可以连接任何地方的开放信息平台，为企业的营销推广提供了一个不可多得的广阔空间；在诸多新媒体营销方式中，微博营销成本低、传播快、覆盖广，因而备受企业重视。徐宇霏和韩颖分析了微博营销所具有的立体化、高速度、广泛性和便捷性的特点，提出微博营销模式可分为产品及品牌曝光、互动营销、植入式营销、在线服务及售后管理等类型。② 目前微博营销存在的问题是：对微博营销的认识不足，缺乏专业化的操作；微博信息量大，难辨真假，不易监控；更新速度太快，容易遭到新营销模式的冲击。赵迎希认为微博营销不仅具有交互性、广泛性、精准性、低门槛、及时性等优势，还有利于防范公关危机，但是微博营销普遍存在互动差、回复率低、资讯内容无吸引力、推销色彩浓重、营销方式单一、缺乏特色活动等问题。③

叶骏强提出了微博营销的改进策略，包括明确定位，制作有针对性的信息内容，注重微博平台与用户的沟通等。④ 马尚平等分析了京东电商平台进行微博营销的主要策略，包括热点营销策略、活动营销策略、领袖营销策略、情感营销策略和事件营销策

---

① 胡翼青、沈伟民：《艰难的嵌入：反思"两微一端"的当代社会实践》，《编辑之友》，2018年第6期，第5—12页。
② 徐宇霏、韩颖：《浅析微博营销模式及其价值》，《农村经济与科技》，2018年第6期，第230—231页。
③ 赵迎希：《微博营销浅析》，《中国商论》，2018年第2期，第67—68页。
④ 叶骏强：《微博营销眼球经济发展现状及对策研究》，《中国报业》，2017年第15期，第80—81页。

略。研究者提出了一些具体的方法和技巧，如发帖连贯、短贴制胜、以图为主等；进一步提出微博营销需要深化产品知识以加深用户认知程度，注重内容营销以增加客户黏度，加强服务营销以树立并维护企业形象，抑制虚假营销以优化企业口碑，加强个性化服务和情感性沟通以提升粉丝关注度。①

郭艳以电商"网红"张大奕为例，分析其利用新浪微博和直播将粉丝流量变现的策略。张大奕的微博内容以产品介绍、买家晒图、粉丝互动为主，采用的宣传方式主要有软文推广、图片展示和短视频介绍。张大奕作为服饰领域意见领袖，对产品的了解程度较深入，她借助淘宝直播平台进行上新预热、新品宣传、产品面料及穿搭详解、日常话题互动等活动，粉丝可以进入直播间与她直接对话，评论内容又可以帮助她及其团队获取粉丝偏好和价格接受度信息，便于及时调整生产线，进行精准营销。直播模式满足了粉丝们对真实性和互动性的需求，参与感大大增强。同时，随着移动电商后台技术的完善，淘宝直播实现了主播边直播边发放优惠券和产品链接的功能，直播过程中，主播个人渲染加上优惠活动的同步进行，更有力地刺激了粉丝迅速下单付款，真正实现了"边看边买"。② 赵怡然从传播学视角分析了粉丝营销的演变过程，认为网红在内容上再现生活、特点鲜明，形式上应用"草根"视角，注重互动，渠道上广泛分发、精准营销，通过内容、形式、渠道三方面对目标受众产生了认知和行为上的影

---

① 马尚平、富芳、谢玉萍：《微博营销策略及其运用研究——以京东商城为例》，《农村经济与科技》，2017年第15期，第133—135页。
② 郭艳：《电商网红营销模式探析——以张大奕为例》，《中国市场》，2017年第19期，第146页。

响。未来，网红要利用新媒体的特点，进一步强化自己的内容、制作、创意，将个人IP化，使受众更关注网红本人而不完全是内容，以更好地寻求流量变现。网红是内容制造者，只有内容与主流价值观相符，并且持续提供优质内容，才能红得长久。作为一种迅速发展起来的新生事物，社会应当给予网红经济充分的理解与包容，也只有营造一个理念开放、商业规范的社会环境，才能涌现更多的顺应经济发展大潮的商业形态。①

总的来说，有关微博营销推广的应用研究数量大，研究者多从现象出发，分析其运作逻辑与存在的问题，再找出对策与方法，给出一定的实践指导。目前的研究现象分析居多，还有待深入和学理化。

（六）对微博传播的批判性思考

微博的出现给人们带来诸多期待，它不仅给人们提供了一个便捷的信息传播环境，满足了人们对各类信息的需要，而且提供了一个与他人连接的社交网络，满足了人们在传统媒体时代因为社交成本过高而被压抑的社交需要，它甚至还提供了一个可以朝向世界任何一端的窗口，借由这个窗口，人们可以去观察和了解原本很难接触到的一切。它多元、复杂、碎片化，它不完美，而且经常受到来自政治和经济领域的影响；它打破了我们原有的时空经验和信息环境，带来新的社交与传播网络。在这个过程中，很多噪音与不和谐的事物也一同出现了。

---

① 赵怡然：《传播学视角下"网红"粉丝营销模式研究》，《新闻研究导刊》，2017年第19期，第90—91页。

微博的流行带来了大学生的微博依赖现象。刘振声指出，这是由便捷的媒介接触、对自我满足的主动寻求和对现实压力的被动逃避等因素共同促成的；这一切表明，社交媒介的使用不再仅仅停留于功能层面，更是与生活紧密交织的内在化自我构建过程。①

以微博为代表的社交媒体还加剧了人们现代生活的碎片化趋势。叶虎认为，现代生活碎片化的4个方面（时间碎片化、空间碎片化、信息碎片化和人际关系碎片化）彰显出当下社会的后现代特征：深度模式的削平、主体的零散化与界线的消失。在人们联系日益紧密和信息传播全球化的时代，速度越来越成为人们追求的目标；在"碎片时间"中，网民之间交流与对话的符码不可能完全照搬实际生活中严肃、规整，有时显得拖沓而不够灵活变通的话语表达方式，而是采用短小、灵活、快捷的网络流行语，在话语的狂欢中实现对现实生活的表征、反思、批判与重构。②

此外，微博看似话语平权的背后是话语再集权，话语权力新贵在其中形成。李彪和郑满宁选取新浪微博中的21个热点事件，通过大数据挖掘和分析技术，发现微博时代"话语平权"依然是个伪命题，微博中"关注""跟随""转发"等功能本身就是再中心化的过程。在社会热点事件中，微博在某种意义上带来的是话语集权，它通过技术赋权的方式让"草根"用户能够更多地"围观"热点事件，而其社会话语权力与新生代意见领袖依然不对

---

① 刘振声：《社交媒体依赖与媒介需求研究》，《新闻大学》，2013年第1期，第129页。
② 叶虎：《微传播环境下我国网络流行语论析》，《现代传播》，2016年第7期，第63—66页。

等，这种不对等性正是技术决定的。① 除此之外，微博上充斥的谣言、低俗内容、炒作以及侵权现象屡禁不绝。这些现实中不断涌现的难题倒逼我们反思技术与社会的互动关系，从而促使我们更加理性地对待那些意想不到的问题。

五、代表性微博舆情事件回溯

（一）"郭美美"事件

"郭美美"事件也被媒体称为"郭美美红十字会"事件。2011年6月20日，一个微博账号为"郭美美baby"的年轻女孩在新浪微博引起网民的关注。女孩在微博上炫耀其奢华的生活：住别墅，有兰博基尼、玛莎拉蒂、minicooper三辆豪车，拥有数十个爱马仕包。其新浪微博认证身份是中国红十字会商业总经理。炫富内容曝光后，"郭美美baby"的微博粉丝以每分钟上百个的速度增加，至2011年8月中旬达到58万之多。网民在郭美美的微博下留言评论，对其进行"人肉搜索"。"人肉搜索"显示郭美美以前家境一般，于近两年暴富，这引发了公众对中国红十字会所获善款流向的质疑。尽管郭美美本人和红十字会都公开发表声明称双方并没有关系，但是公众依然不断深挖红十字会的内幕。随着事件的发酵，越来越多的机构和个人被牵扯其中。7月4日中红博爱资产管理有限公司总经理翁涛在微博上曝出"真

---

① 李彪、郑满宁：《从话语平权到话语再集权：社会热点事件的微博传播机制研究》，《国际新闻界》，2013年第7期，第14页。

相",称郭美美是中红博爱前董事王军的女友,郭美美微博中炫耀的兰博基尼是王军本人经常驾驶的。7月7日,北京市公安局官方微博"平安北京"连发三条微博通报郭美美事件,称查明郭美美及其母亲与中国红十字总会无直接关联。受事件影响,事发一个月后,国内各地红十字会收到的慈善捐款锐减,信誉收到质疑。由微博引发的"郭美美"事件也引起了传统媒体的关注。中央电视台新闻频道《东方时空》栏目于6月30日播出节目《真相调查:郭美美事件》;《新闻调查》于8月6日播出《被质疑的红十字会》;8月27日,《京华时报》报道,民政部官员表示,"郭美美"事件通过媒体的曝光,一定程度上让坏事变为好事,但媒体穷追猛打会伤害慈善事业,今后慈善组织将从现在的民政部民间组织管理局剥离出来,由民政部慈善司专门进行单独的监管。"郭美美"事件持续了相当长的时间,许多相关的人物和细节被人们挖掘出来,在微博上流传。①

邓晓旭和孙莹认为,在网民的不断参与和推动下,微博用户俨然成为当今舆论监督的主力军。微博关注玉树地震、舟曲泥石流,微博直播上海大火、见证"花祭",微博咬住"我爸是李刚"不放……微博以其特有的传播丰富性和信息整合功能,在短时间内聚集了大量的注意力,表达着公民新闻时代的民众诉求和舆论态度。② 根据舆情检测,2009年内,34%的社会议题是由网络推动的,2010年该比例上升到46%,网络在社会生活中的影响力

---

① 邓晓旭、孙莹:《从"郭美美事件"看微博的舆论监督力量》,《新闻知识》,2012年第2期,第71—72页。
② 邓晓旭、孙莹:《从"郭美美事件"看微博的舆论监督力量》,《新闻知识》,2012年第2期,第71页。

越来越大，其中微博的表现尤其突出。

（二）"微博打拐"与"免费午餐"项目

2008年3月，湖北潜江的彭高峰夫妇在深圳经商时，3岁的儿子彭文乐在商店附近被人拐走。3年后的2011年2月8日，彭高峰通过微博终于在江苏邳州一个村庄找到儿子。记者邓飞在微博平台对此进行了全程现场直播，引起国内各媒体的广泛关注。

2010年9月，学者于建嵘在微博上发起"随手拍解救流浪乞讨儿童"行动，号召网友用手机拍下街头乞儿，上传至微博，以解救可能是被拐卖的儿童。这项活动迅速铺开，引起全社会极大关注。公益微博账号"随手拍照解救乞讨儿童"仅仅开通10余天，就吸引了57万多网民关注，一些城市的公安部门也参与了此项网上行动。截至2011年2月，有6名儿童经此渠道被救出。①

因"微博打拐"出名的记者邓飞，也因为这次公益行动转而投入专注儿童健康成长的公益项目。2011年2月，邓飞在一次年会上遇到一位来自贵州穷困县城的小学支教老师，闲聊时这位老师说她的学生都没有午餐，常常在中午用凉水充饥。听闻这件事，邓飞很震撼，他萌生了为孩子们建食堂提供免费午餐的计划。2011年4月，邓飞精心运筹的"免费午餐"公益项目落地，黔西县沙坝小学成为全国第一所享受免费午餐的学校。由此，邓

---

① 吴双：《浅谈微博传播公益——从电影"亲爱的"谈起》，《新闻传播》，2015年第1期，第23页。

飞开创了一种以微博为基础的公益模式，该模式下的慈善行动效率高、管理透明、参与广泛、民众与政府合作默契，因而受到社会的一致好评。

"免费午餐"项目实施没过多久，"郭美美"事件爆发，导致公众对公共慈善组织产生了普遍的质疑情绪。有志愿者在实地考察中发现，个别学校出现了蹭饭的情况，学生把家人带到学校一起进餐，或者把午餐带回去给家人吃。面对公众的质疑，为防止贪污腐败的现象出现，邓飞要求每个受捐赠的学校必须开微博，校长要通过微博详细说明财务状况，保证资金透明，以获得捐款人和志愿者对团队的信任。

2011年10月，国务院决定启动实施农村义务教育学生营养改善计划，中央每年拨款160多亿元，为农村义务教育阶段学生提供营养膳食补助，普惠680个县市约2600万在校学生。

邓飞的公益行动收获了无数赞誉。他的"免费午餐"项目还在一些地区继续开展，一些新的公益项目还在推出。他在公益实践中找到了一种新模式——公益搭配商业，即用公益连接城市捐助者与乡村受助者，再用电商、物流、贷款、农业技术、人力资源培训等方式实现城乡优质资源互流，帮助偏远、贫困的农村家庭提高收入，吸引孩子们的父母回家，促进当地的可持续发展。①

当下，利用微博进行社会治理已经成为一种可行的手段。在公共事件和公共问题中，微博充分发挥了传播信息、搭建平台、

---

① 陆平：《从"微博打拐"到"免费午餐"——访媒体人邓飞》，《现代企业文化》，2016年第10期，第38—39页。

建构舆论、动员行动的功能,治理主体利用微博采取多样化的治理手段。微博最大限度地提高了信息传播的速度,降低了治理的成本,简化了治理实践的烦琐程序,打破了时空障碍,提升了治理的效率。①

(三)周杰伦和蔡徐坤双方"粉丝打榜"事件

2019年7月,"豆瓣"网上出现了一篇名为《周杰伦微博数据那么差,为什么演唱会门票还难买啊》的帖子,从而引燃了周杰伦和蔡徐坤双方粉丝的新浪微博超话榜首之争。

该帖子中,豆瓣网友真诚提问:"我一直看到有人说他票难买,但我查了查,他微博超话排名都上不了,官宣代言什么,转发评论都没破万。演唱会一般都是粉丝去看,他粉丝真这么多吗?"帖子一出,无数听着周杰伦歌曲长大的网友感到非常震惊和气愤。随后,该话题发酵到朋友圈、微博,引起了不少人关于追星方式差异的讨论。到了7月20日,事件进一步白热化,许多"前辈粉"团结起来,誓言要在新浪微博超话这个最新网络粉丝社区里,与"小年轻流量粉"的典型代表蔡徐坤粉丝群一决高下。这场近乎狂欢的"网络粉丝大战",最后以周杰伦凭1.1亿的绝对实力登顶榜首,蔡徐坤粉丝团发布声明宣布自此退出微博各项数据榜单的竞争而落幕。在此过程中,周杰伦和蔡徐坤两位明星均未公开发言,由双方粉丝将此事演变为全网热搜(图1-4)。

---

① 陈世华:《微博参与社会治理:理论依据和实践路径》,《中国出版》,2015年第8期,第46页。

11	偶像会发光 596657	新
12	李现为周杰伦打榜 567478	
13	孙杨400米自由泳四连冠 445120	新
14	丛林的法则道歉 404989	
15	剧中cp发糖时的你 356003	新
16	周杰伦超话第一 343029	荐
17	林俊杰 周杰伦 334045	新
18	没文化不好意思蹭网 329004	新
19	陈赫为周杰伦打榜 321021	

图 1-4　新浪微博热搜排行榜截图①

此次事件中，周杰伦与蔡徐坤的粉丝群体有较大差别，周杰伦的粉丝主要以"80后""90后"为主体，蔡徐坤的粉丝更偏年轻化。可见，青年和少年是粉丝打榜的主力。在打榜过程中，双方粉丝圈子中除核心活跃粉丝之外，日常不甚活跃的粉丝也踊跃参与，广泛传播打榜教程（图1-5）、制作表情包、转发与偶像相关的微博话题等，引发大范围的粉丝群体行动，使事件的影响力不断扩大。

---

① 《周杰伦 PK 蔡徐坤，惊动人民日报》，《吉林日报》，2019 年 7 月 22 日，https：//baijiahao.baidu.com/s? id=16397189261998234889&wfr=spider&for=pc.

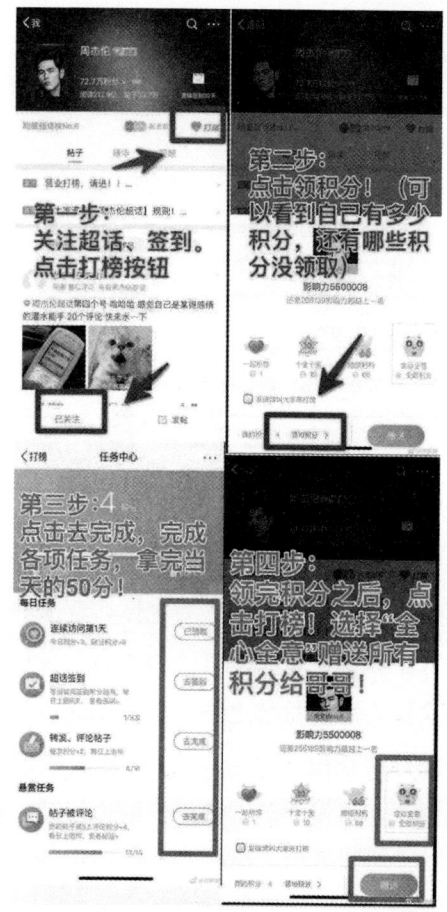

图 1-5　网络上出现的给周杰伦打榜的"说明书"①

此次周杰伦和蔡徐坤双方粉丝的超话榜首之争，显示了身处不同时代的与偶像关系不同的粉丝群体，就各自所支持的偶像进

---

①　《周杰伦 PK 蔡徐坤，惊动人民日报》，《吉林日报》，2019 年 7 月 22 日，https://baijiahao.baidu.com/s?id=1639718926199324889&wfr=spider&for=pc.

行的与其地位、影响力和话语权等相关的竞争。① 双方粉丝群体行动的内在逻辑，借亨利·詹金斯有关"参与性文化"的论述可以得到阐释。"参与性文化"是亨利·詹金斯最早提出的概念，用来描述新技术环境中产生的消费主义形式，它是一种强调充分调动消费者的主动性，使消费者（在"粉丝打榜"事件中则是粉丝）主动投身于媒介内容创作和传播过程的文化。新媒体平台上积累的用户生成内容，在粉丝们的积极实践中演变为参与性文化：它以情感认同作为出发点，以某一个偶像或产品、品牌为纽带，将具有共同爱好与价值观念的人聚集在一起，再通过社群活动来强化归属感和参与感，从而形成某种特定的粉丝文化。② 反过来，这种粉丝文化又能不断强化粉丝对偶像的忠诚。

回顾往昔，改革开放初期，一首歌曲、一部影视剧就能形成一批"追星族"。如今异常丰富的文化娱乐形式以及不断发展的网络技术，让粉丝们拥有了更多的选择。粉丝"追星"的方式从以往自下而上的仰慕，变为更加直接的接触；从以往多局限在私人空间和熟人圈子里的交流，变为以社交媒体为载体的、更加扁平化的公共互动。③ 当下的粉丝群体及其活动已经形成了一种不同以往的媒介景观。

---

① 韩传喜、黄慧：《双重驱力：偶像养成时代粉丝行为动机研究——基于周杰伦和蔡徐坤双方粉丝打榜事件》，《哈尔滨工业大学学报（社会科学版）》，2020年第2期，第110页。

② 曾洪玺、王中伟：《新媒体环境下粉丝文化探究》，《新闻论坛》，2018年第2期，第97页。

③ 《人民日报谈粉丝文化：对这一热情正面引导，有助于鼓舞年轻人》，北晚新视觉网，2019年11月28日，https：//baijiahao.baidu.com/s?id=1651428402842798708&wfr=spider&for=pc。

结　语

微博的出现，引领了一种微传播文化，也开创了一个微媒体的传播时代。小小的微博不仅汇集了时时涌动的大量信息，更重要的是，它成为人与人之间的纽带，将熟人、陌生人和我们自己连接起来，也将我们连入整个世界。它带领我们走向一种新型的社会形态，这个社会不再是一种"拟态社会"，而是成为与现实生活相融合的一部分。[①] 在这里，个体的能量被吸纳和整合到整个社会网络中，每一个人都是一只扇动翅膀的小小蝴蝶，在自己的小世界里发挥着能量。我们还应该注意到，我们不论作为个体还是群体，如果想按自己的意愿行事，想用我们创造的科技答疑解惑，想要发现生命的意义，去发现更好的社会形式、尊重自然本性，就需要确保我们的行为符合我们生活的这个建立在因特网上所有沟通网络的网络社会对控制与自由的详细解释与规范[②]。

[①] 彭兰：《WEB 2.0 在中国的发展及其社会意义》，《国际新闻界》，2007 年第 10 期，第 46 页。

[②] 参见〔美〕曼纽尔·卡斯特：《网络星河：对互联网、商业和社会的反思》，郑波、武炜译，社会科学文献出版社 2007 年版，第 291—292 页。

第二章 淘宝：电商、社交一个都不能少

2019年5月15日晚，阿里巴巴集团发布了2019财年第四季度及全年财报。在市场普遍低迷的大环境中，阿里巴巴再次逆势而上。根据财报，阿里巴巴2019财年第四季度实现营收934.98亿元，同比增长51%，净利润233.79亿元，同比增长252%；全年营收3768.4亿元，同比增长50.6%，净利润802.3亿元，同比增长30.6%。[①]

在阿里巴巴这份漂亮的业绩单中，以淘宝网为首的核心商业功不可没，仅仅这一项业务就贡献了集团84%的收入。[②]

第三方数据平台eMarketer同年发布的《2019年全球电商报告》(图2-1)显示，根据对全球各大电商平台的销售额的统计，阿里巴巴旗下的淘宝和天猫分别以5150亿美金的总成交额

[①] 《图解阿里FY 2019财报》，新浪财经，2019年5月15日，http://finance.sina.com.cn/stock/relnews/us/2019-05-15/doc-ihvhiqax8952413.shtml.

[②] 新浪财经：《阿里巴巴2019财年第四季度及全年财报》，原创力文档，2020年5月20日，https://max.book118.com/html/2019/0520/8061030043002024.shtm.

(Gross Merchandise Volume，GMV)① 和 4320 亿美金的总成交额排名世界第一和第二。

Gross Merchandise Value (GMV)* Worldwide of Select Retailers with an Ecommerce Marketplace, 2018 billions		
	GMV*	Country of origin
Taobao	$515.0	China
Tmall	$432.0	China
Amazon	$344.0	US
JD.com	$259.0	China
eBay	$96.0	US
Walmart	$36.0	US
Wish.com	$8.0	US
Houzz	$7.9	US
Note: *GMV is the total value of goods sold on the marketplace and of the companies' own inventory		
Source: Internet Retailer as cited in company blog, Feb 8, 2019		

图 2-1 2019 年全球十大电商平台 GMV 排名

作为阿里巴巴集团最成功的项目，淘宝网的发展已经进入一个相对的稳定期。因此，笔者通过梳理淘宝网发展历史以及相关研究，对淘宝网近 20 年的发展进行总结回顾，希望在此过程中发掘淘宝网更丰富的多样性。

一、淘宝的缘起与发展

2002 年，C2C（Customer to Customer，个人对个人）模式的创始者 eBay 进入中国，彼时其已经在美国和全球不同国家的市场中取得垄断地位。2003 年，eBay 以收购国内易趣网的方式，开始其本地化的进程。同年，淘宝网正式成立。在面对 eBay 已经占据了国内 90% 以上的市场份额的局面下，淘宝网打出了"三年免费"的旗号，成功地将市场从 eBay 手中抢了过来。

---

① 此概念多用于电商行业，通常包含下单但尚未付款的金额。

2005 年，淘宝交易额超过 89 亿元，并宣布将"三年免费计划"再延长三年。该年在国内 C2C 市场占有率中，淘宝占据了 59% 的市场份额，首次超过了 eBay 的 36%，并在之后几年迅速将易趣的市场占有率挤压到个位数。最终，eBay 不得不退出中国市场。

在这场双雄逐鹿的竞争中，淘宝取胜的关键并不在于其商业模式优于 eBay（两家都是 C2C 模式）。众多学者以及业内人士认为，其制胜的关键在于其本土化的身份。相较于完全照搬"北美模式"的 eBay，淘宝熟悉国内商业文化，知道关于"中国人怎么做生意"的各种文化规约，这是其打败 eBay 的"杀手锏"。具体来说，淘宝的成功基于如下 3 个主要策略：

第一，"免费的午餐"。eBay 作为一个中间平台，拥有十分细致的收费标准。例如，在 eBay 平台上，产品上架就要收费，如果交易成功，卖方和买方都要向 eBay 支付费用，如果同时使用 eBay 旗下的第三方支付 PayPal 进行资金交易以及提现等服务，也要收取手续费。而淘宝在初期，无论是使用淘宝平台开店还是利用支付宝进行资金交易以及使用支付宝其他相关服务，都是免费的，这对国内市场而言具有巨大的吸引力。在 2005 年，淘宝宣布将"三年免费计划"延长三年之后，2006 年淘宝网便成为亚洲最大的购物网站。而 eBay 应对迟缓，2004 年第一次下调手续费，2005 年第二次下调，错失了竞争机会，就算 2006 年宣布不再收取手续费，也回天乏术。

第二，信用生态体系的建立。在当时信用体系尚不健全的商业环境中，如何保障素未谋面的买卖双方的资金安全，是决定市场是否参与网络交易的一个重要条件。淘宝于 2003 年 10 月 18

日推出的支付宝服务，在很大程度上保证了用户的资金安全。支付宝提供中介服务，买家付款到支付宝，收到货确认无误后，再通过支付宝打款到卖家，其间，买卖双方都无权对资金进行操作，只有通过支付宝申请相关服务，经过审核获权之后，才能对资金进行操作。在这之后，支付宝相继推出了"支付宝实名认证""支付宝数字证书"等多项服务，增强安全系数。可以说，支付宝服务的推出，从实质上突破了困扰中国电子商务发展的诚信、支付两大瓶颈，可以将其视为阿里巴巴继淘宝之后的又一里程碑式的创举。2016年4月26日，由支付宝发展而来的蚂蚁金服（支付宝于2004年12月30日从淘宝拆分出来，独立运作）估值达600亿美元（约3895亿人民币）之巨。

第三，无障碍交流渠道。网购的虚拟性使得买家不能对所售商品进行有效评估，因此即时交流显得尤为重要。为实现买卖双方的即时沟通，淘宝网推出了类似QQ的即时通信软件"阿里旺旺"。阿里旺旺是集文字、语音、视频、图片以及信息服务于一体的多功能服务软件，它使得素未谋面的买卖双方有了直接沟通的机会，并且能在沟通的具体情景中判断交易的可能性，在一定程度上弥补了买卖双方因为距离而产生的信任问题。如果买卖双方在交易中产生纠纷，阿里旺旺的聊天记录还可以作为重要凭证用于维权。

通过以上策略，2006年淘宝网就成为亚洲最大的电商平台，并且在国内C2C市场中达到了83.6%的占有率。由此，淘宝网确立了其在国内C2C领域中的霸主地位。

在成功实现C2C网站的逆袭之后，淘宝网开始寻求新的增长点，进入B2C（Business to Consumer，商对客）市场。虽然现在阿里巴巴将以 C2C 业务为核心的淘宝与以 B2C 业务为核心的天猫（前身为"淘宝商城"）分开运营，但是无论是从天猫的最初创建来看，还是从两个平台之间的紧密关系（即淘宝应用无缝对接天猫应用，反之亦然）而言，淘宝商城都是淘宝网发展历史中不可忽略的一笔。

2008 年 4 月 10 日，淘宝 B2C 平台淘宝商城在经过两年的测试之后正式上线。彼时，亚马逊中国、当当网以及后来的京东都已经在国内 B2C 市场上厮杀多时（图 2-2）。市场中人人都在围观这场 B2C 业务的商战，后来的淘宝商城如何杀出重围？

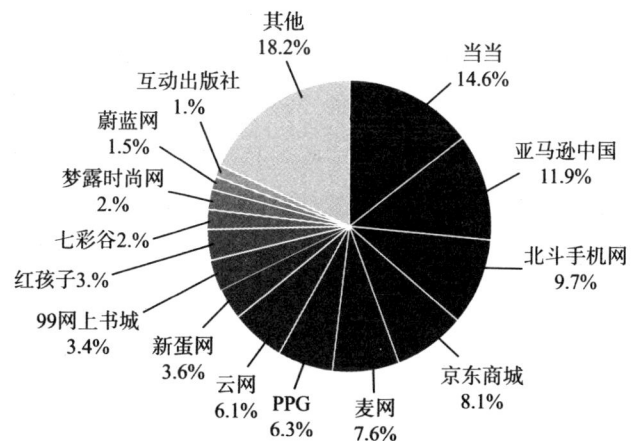

图 2-2　2007 年中国 B2C 电子商务交易市场份额①

---

① 《2007 年中国网络购物规模达 561 亿元》，联商网，2008 年 2 月 15 日，http：//www.linkshop.com.cn/web/archives/2008/86617-shtml.

根据最新数据,截至 2019 年,在国内的 B2C 市场份额中,单天猫就占据了一半(图 2-3)。

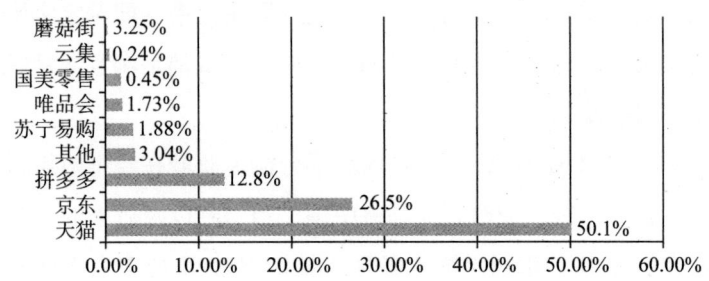

图 2-3　2019 年中国 B2C 各平台市场份额①

笔者认为,淘宝商城有 4 个方面的优势。

第一,C2C 的长尾效应。"长尾效应"是克里斯·安德森提出的互联网商业公司特有的一种经济现象,简单来说,是指那些原来不受重视的销量小但种类多的产品或服务由于总量巨大,累计起来的总收益超过主流产品的现象,体现出那些数量上占优势的个体的商业价值。淘宝 C2C 正是典型的"长尾",其每天 900 万的独立访问量、7.55 亿的活跃用户(2019 年数据)② 可以同时分享给天猫,由于经营的方式不同,用户不会因为两个市场而分流。

第二,全新的 B2C 模式。虽然淘宝商城和亚马逊、京东等都属于 B2C 模式,但是与后者的"自己作为进货商,然后通过网络卖给消费者"不同,淘宝商场采取了"帮助企业直接成为卖

---

① 《2019 年 B2C 市场份额:天猫、京东、拼多多"三巨头"格局形成》,搜狐网,2020 年 6 月 6 日,https://www.sohu.com/a/400072770_322372。
② 《2019 年 6 月淘宝最新用户规模已达 7.55 亿:第一季度大增 3400 万》,新科网,2019 年 8 月 16 日,https://www.xker.com/a/24805.html。

家,将商家直接和消费者勾连"的模式,显著降低企业成本,让企业获取更多的利润,并让消费者享受到更优惠的价格。正如淘宝时任副总裁黄若所言:"淘宝(商城)的目标非常简单,通过淘宝的平台,要让商家的成本小于或者等于传统渠道成本的1/2,这样我们就成功了。"

第三,出众的营销手段。例如从2009年开始,淘宝商城首创的"双十一购物狂欢节",如今"双十一"已经成了每年一度的重要购物节庆活动,"双十一"当天的交易额也从2009年的5200万元飙升至2015年创纪录的912亿(GMV数据)。[①] 天猫几乎囊括了零售市场中的所有商品种类,为便于搜索查找,在天猫首页界面中,所有商品被分为16个大类,每个大类中再进行细分,同时,界面保持了很高的整洁度,没有将广告位设置在这个区域中,带来了非常舒适的用户体验。更为值得一提的是,国内其他B2C网站,例如1号店、凡客诚品、乐蜂等电商也纷纷进驻天猫,丰富了天猫的产品线。

第四,完整的配套服务。服务方面,有淘宝的成功案例在前,天猫的客服在延续淘宝既有的如"7天无理由退换"等服务以外,相继增添了"正品保障""先行赔付""提供发票"等服务。同时,"人工+人工智能"的"7+24"无间断客户服务也极大提升了用户体验。

但物流方面,相较于亚马逊中国、京东等国内B2C电商拥有自己的物流体系,天猫不具备自己的物流体系,这成为它的最

[①] 《历年天猫双十一成交额统计数据汇总(2009年至2020年)》,世界财富网,2020年11月2日,http://www.worldrich.net/gupiao/122626.html。

大劣势。例如，在京东上，如果选择有"京东自营"标签的货物，无论购买多少产品，运费只收取一次。而在天猫上，如果在不同店铺购买，就要支付多次运费。针对物流方面的问题，阿里巴巴推出了自建的物流系统——"物流宝"。类似京东物流，物流宝在全国7个大区建立仓库，立足核心城市，覆盖周边，提供一站式电子商务物流配送外包服务，解决商家货物配送难题。

淘宝（及天猫）的发展历程可归纳为表2-1。

表2-1 淘宝发展大事件表

年份	月份	事件
2003	5	淘宝网正式成立，2003年全年成交总额3400万元
2004	7	推出即时聊天工具阿里旺旺
	12	支付宝公司成立
2005	12	淘宝网国内市场份额超过eBay，成为国内第一，成交额89亿
2006	12	淘宝网成为亚洲最大电商平台
2008	4	淘宝商城上线
2009	11	举办首届"双十一购物狂欢节"
2010	8	手机淘宝客户端上线
2011	6	淘宝网、淘宝商城、一淘网拆分
	10	由于对淘宝商城新政策不满，众多小商家组成了"反淘宝联盟"，于2011年10月11日发起"拍商品、给差评、拒付款"的反淘宝运动。在商务部的斡旋下，淘宝网与反淘宝联盟和解
2012	11	淘宝、天猫将网购单日成交额记录刷新为191亿元
2013	4	阿里巴巴入股新浪微博，开启淘宝SNS的探索
	7	淘宝推出O2O平台淘宝同城，打造线上线下营销闭环
	12	第一届淘宝村峰会
2014	2	天猫国际上线
	10	阿里巴巴与桐庐县签订合作协议，农村淘宝工程上线

续表2-1

年份	月份	事件
2015	5	淘宝网发布史上最严厉打击店铺炒信用行为
2016	3	淘宝网发布未来三大战略：社区化、内容化和本地生活化
2018	5	发布直播发展战略，对主播进行统一孵化、统一管理
2019	12	淘宝、天猫移动端月活跃用户达7.21亿，比去年同期增长了1.04亿，环比增加2200万；年活跃用户为6.54亿，比去年同期增长1.02亿

二、淘宝的盈利模式

盈利是现代企业的核心，淘宝的盈利方式主要有广告收入、中间商差价以及增值服务三种。

（一）广告收入

淘宝网的广告收费模式和目前国际主流的广告收费模式基本相同，可以分为CPS、CPC、CPM、CPA等几种。

以中小型C2C卖家为主要客户的CPS（Cost Per Sales），按实际销售数量付费，即按照成交效果计费。这种广告适合购物类、导购类、网址导航类的网站，但需要精准的流量统计才能带来利润转化。

以中小型电商为主要客户群的CPC（Cost Per Click），按点击量付费，即根据广告被点击的次数收费。关键词广告一般采用这种收费模式。淘宝的直通车广告采用的就是这种模式。

以中型卖家为主要客户群的竞价CPM（Cost Per Mille）按

千人展示付费。只要展示了广告主的广告内容,广告主就为此付费,其客户群为传统大品牌。这种广告的效果不是很好,但是能给有一定流量的网站带来稳定的收入。淘宝上的钻石展位就是此类广告。

除此之外,还有CPA（Cost Per Action）,按广告投放实际效果收费,通过有效问卷或订单来评估并计费,而不限广告投放量。CPA收费模式对于网站而言有一定的风险,但若广告投放成功,其收益更高。

淘宝推出的各类广告产品虽然特点各异,但都离不开上述几种主要模式。这几种模式下的淘宝广告业务主要有淘宝联盟、直通车、钻石展位、无线联盟4大版块,见表2-2。

表2-2　淘宝网广告业务一览表①

产品名称	淘宝联盟/淘宝客	P4P直通车	淘宝网钻石展位	淘宝无线联盟
成品特性	本质上都属于联盟广告	效果营销工具	针对淘宝网图片广告位的竞价平台	无线联盟广告产品
广告位资源	淘系网站之外的网站	淘宝网、天猫、一淘网合作网站	淘宝网、一淘网、阿里旺旺每日焦点弹窗等	包括淘宝系在内的APP和WAP
核心价值	本质上增加了广告的曝光范围	增加广告主的曝光率和转化率	增加广告主的曝光率和转化率	本质上增加了广告的曝光范围

---

① 中商情报网,http://www.askci.com/news/201305/28/2816532131909.shtm.

淘宝联盟本质上属于联盟广告产品，采取 CPC 广告收费模式，主要是将广告投放于淘宝系网站之外的其他网站上，目的是增加广告的曝光范围，激发买家潜在购买需求，广告客户在交易成功后才支付相应的费用。

直通车业务本质是关键词竞价，按照点击付费，也属于 CPC 广告收费模式。其广告位资源包括淘宝网、天猫网、一淘网（即淘系网站）以及合作网站，核心价值是增加广告主（主要是淘宝卖家）在网站上的曝光及转换率。以淘宝网页面的"搜索"一栏为例，在搜索栏键入关键词"连衣裙"后，在搜索页面右边，有 8 个竖展示位，页面底部有 5 个横展示位，每页展示 13 个宝贝，搜索页面可以一页一页往后翻，展示位依此类推。如果买家点击了这些展示，淘宝便收取相应费用。

钻石展位是图片类广告位，按照 CPM 模式计费，兼具竞价与品牌展示的特征。钻石展位是专为有更高推广需求的卖家量身定制的产品，精选淘宝最优质的展示位置，通过竞价安排展示顺序。如图 2-4 所示的钻石展位是淘宝网广告收入的重要来源，并且基于大数据化，这个方框所展示的图片在不同用户的移动终端上都是不同的。按照目前淘宝网的收费标准，一个用户每打开一次淘宝首页，淘宝网就会收取 0.067 元广告费[1]。淘宝网还会根据用户的搜索记录分析出用户可能感兴趣的商家，进行有针对性的高价投放，这样，每次"展示"，淘宝所收取的广告价格就远不止 0.067 元了。

---

[1] 阿里妈妈：http://www.alimama.com/index.htm.

图 2-4　淘宝网首页上端中间大图为钻石展位

无线联盟也是 CPS 广告，主要针对移动终端，将广告投放到各种应用以及 wap 网站上，目的是扩大广告的曝光范围。

这里需要说明的是，在阿里巴巴集团开始弱化自己的电商属性的大背景之下，这些基于淘宝网而发展起来的广告业务中的很大一部分已经从淘宝独立出来。目前阿里巴巴集团拥有独立的广告经营部门——阿里妈妈，其广告服务开始向整个市场开放。根据阿里妈妈提供的资料，目前阿里集团的广告客户突破 100 万，合作媒体达到 4000 家，并和 10 万个应用达成合作，覆盖中国 98％人群。[①]

（二）服务收费

淘宝的服务收费主要集中于向 C2C 淘宝卖家提供的各种服务。

---

① 黄潜：《数据赋能　阿里妈妈"智变"：打造"品销合一"超级媒体》，《中国经营报》，2015 年 5 月 23 日。

在阿里巴巴商家服务市场（http：//fuwu.taobao.com）的主页中有非常细致的服务类型以及收费标准。据网站的搜索分类，淘宝服务收费分为 8 个大类：（1）旺铺/店铺装修/页面设计；（2）无线视频/摄影视频/模特演员；（3）商品管理/订单管理/ERP（Enterprise Resource Planning，企业资源计划）系统；（4）促销管理/流量推广/客户管理；（5）安全保护/财税软件/办公协同；（6）客服外包/客服服务/仓配物流；（7）店铺分析/行业分析/生意参谋；（8）代运营/培训咨询/质检品质。每一个服务大类下面又有大量细分，每种服务的价格从几元到数千元不等，虽然看似收费较低，但是以次、天、月等不同单位进行收费，例如新开张的店铺要购买淘宝网提供的各种店铺模板，基础版是 5 元/月，专业版是 15 元/月，豪华版是 30/月。再考虑到数量巨大的 C2C 买家，则可带来十分可观的收入。

除了为大量 C2C 卖家提供服务，天猫也有非常细致的针对中、大型 B2C 电商的服务收费标准。这类收费要昂贵得多。例如店铺的保证金，就需要根据店铺和商标（TM/R）的不同，缴纳 5~15 万元/年不等的保证金。此外，天猫商家还必须缴纳技术服务年费，分为 3 万元和 6 万元两个档次。

（三）信息服务收费

在互联网时代，例如淘宝一类的巨型互联网公司，其最大的资源在于所占有的海量信息数据，并且它们可以基于这些数据进行数据的再生产。正如马云所说："阿里巴巴本质上是一家数据公司，做淘宝的目的不是卖货，而是获得所有零售的数据和制造业的数据。"①

　　淘宝网体量巨大，其网站数据几乎可以反映国内整个零售业的情况，因而具有权威性和专业性。因此，可供企业做市场决策时使用，所以这些数据也就有了变现价值。以淘宝网上一家小型电商为例，当其需要相关数据支撑自己的经营活动决策时，就要付钱购买这些数据。这个小型电商获得阿里信息服务的基本模式如图 2—5：

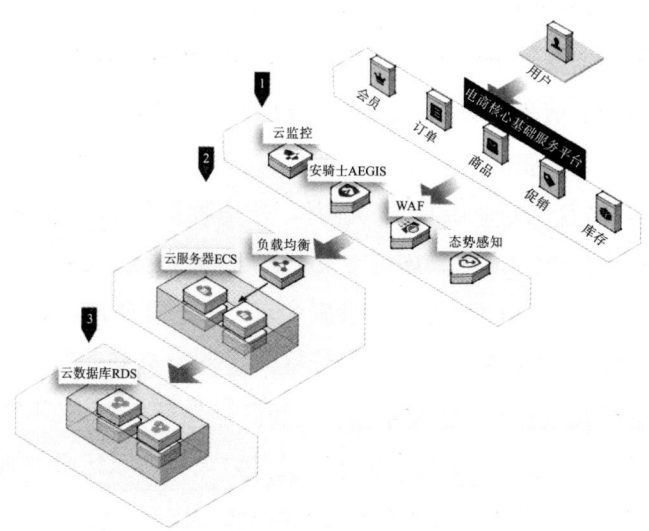

图 2—5　小型电商购买数据解决方案②

---

①《马云的"大数据"：做淘宝不是为了卖货，而是为了获取数据》，观察者网，2014 年 12 月 2 日，http://www.guancha.cn/economy/2014_12_02_302187.shtml.

② 图片来源：阿里云，https://cn.aliyun.com/solution/ecommerce/smallsize.

在阿里云网站上，信息服务按照版本不同，分为标准版454.5元/月、进阶版603.75元/月和旗舰版1170元/月不同价位。

由于电子商务网站错综复杂的组织构架，淘宝网和阿里巴巴旗下其他网站之间的责权关系不明等，所以对淘宝盈利研究的范围不清晰，甚至长期将不属于淘宝收益的项目（例如支付宝）纳入淘宝盈利。同时，由于淘宝并非上市公司，其没有义务对公众披露历年财报，所以也无法获取关于淘宝历年收入以及盈利的情况，据以倒推其各种盈利来源。各方面因素导致淘宝网盈利研究泛化且缺少权威性。以上对淘宝广告、服务和数据的盈利模式分析，或能提供一些参考。

值得一提的是，认为支付宝是淘宝的盈利来源之一，对这一点笔者是不认同的。且不说支付宝已经独立出来，就是在独立之前，作为非金融机构，其在交易中由于时间差（买家资金到卖家之间有一个时间间隔）所沉淀下来的资金应委托中国工商银行进行监管，擅自挪用客户备付金是违法的行为，更谈不上成为淘宝的盈利来源。

三、大数据技术应用案例：淘宝数据仓库建设始末

随着阿里巴巴旗下电商业务的进一步发展，在电商活动中所累积的海量数据成为阿里集团待开发的资源。2008年9月，阿里集团内部正式公布了云计算和大数据战略——阿里云计划。经过了10余年的发展，云计算业务已经与电商业务并驾齐驱，成

为阿里巴巴集团目前五大核心业务之一。从图2-6的阿里集团业务构架演进图可以看到，阿里云从电商业务中萌芽，最后发展成为整个阿里集团的基础。在现在的技术环境中，集团的其他四大业务——电子商务、金融支付、物流数字媒体，均离不开阿里云提供的大数据。

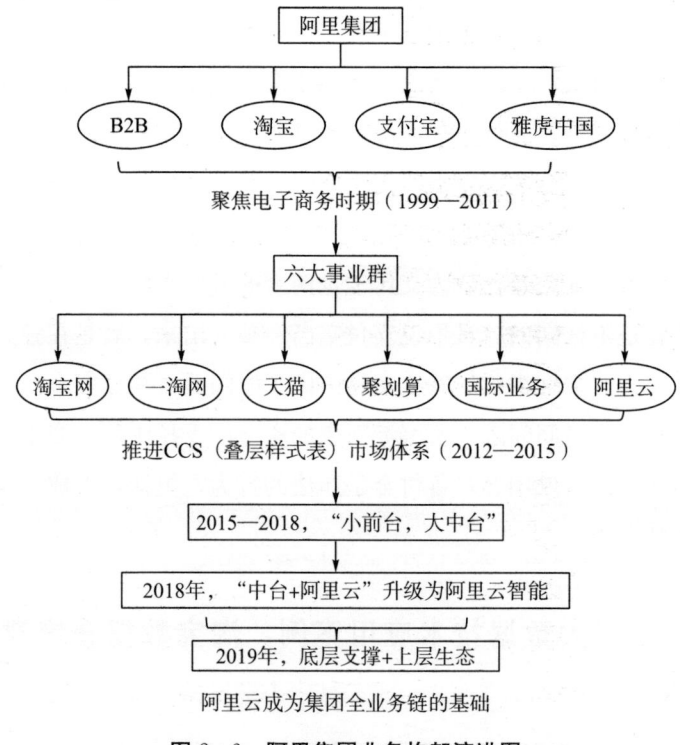

图2-6 阿里集团业务构架演进图

淘宝作为阿里集团电子商务的核心，其发展也离不开大数据的支撑。除了上一节中介绍的淘宝的各种付费项目均需要大数据的支持，对于淘宝的运营而言最重要的数据库——淘宝数据仓库,更是离不开大数据技术。所谓数据仓库,是指"一个专门为解决数据供给问题而存在的数据集成环境,在企业的运营中,数据仓库直接服务于决策支持系统,为其提供联机分析应用数据源"①。

与传统数据的"结构化"特点不同,大数据最显著的特点就是"无结构化"。"传统的数据管理和分析系统是基于关系型数据关系里的系统(RDBMS)的。这些系统在处理结构化数据时性能突出,但是对半结构化或无结构化数据的处理却无法提供有力的支持。此外,RDBMS可以通过增加昂贵的硬件向上扩展(scale up),但是无法通过并行增加硬件实现向外扩展(scale out)。显然,传统的RDBMS无法处理如今大数据的规模和异构性。"② 因此大数据的处理需要全新的数据库平台。

淘宝数据仓库的平台架构总共经历了三大阶段(图2-7)。这三个阶段直观地体现了淘宝数据仓库的架构从"数据处理"向"大数据处理"的变化。

---

① 田素梅:《数据平台及数据仓库的建设——以淘宝网为例》,《计算机光盘软件与应用》,2014年第13期,第45页。
② 李海龙、龚海刚:《大数据系统综述》,《中国科学》,2015年第1期,第2页。

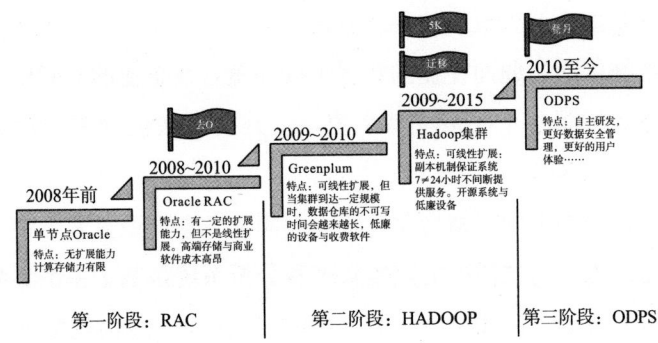

图 2-7　淘宝数据仓库发展阶段图①

（一）阶段一：Oracle RAC 时代

Oracle RAC（Oracle Real Application Cluster）是美国甲骨文公司推出的一款关系数据库管理系统。所谓的关系数据库"借助于集合代数等概念和方法来处理数据库中的数据，同时也是一个被组织成的拥有正式描述性的表格，该形式的表格作用的实质是装载着数据项的特殊收集体，这些表格中的数据能以许多不同的方式被存取或重新召集而不需要重新组织数据库表格"②。Oracle RAC 意为"真正的应用集群"，"整个集群系统由 Oracle Clusterware（集群就绪软件）和 Real Application Clusters（RAC）两大部分组成。RAC 的主要优点为高可用和负载均衡，

---

①《淘宝大数据之路》，搜狐网，2016 年 11 月 6 日，https：//www.sohu.com/a/118278018_466839.

② 百度百科：关系数据库，https：//baike.baidu.com/item/%E5%85%B3%E7%B3%BB%E6%95%B0%E6%8D%AE%E5%BA%93/1237340?fr=aladdin.

一台节点故障不会影响整个业务的运行"①。

在2008年之前,淘宝网的数据处理采用单节点Oracle,此时淘宝的数据处理系统还称不上数据仓库,只能承担简单的数据处理工作。随着淘宝业务的飞速发展,单节点的Oracle因无扩展能力而无法应付日益增长的计算与存储需求。

2008年之后,为了应对日益增长的数据量,淘宝数据仓库开始采用基于RAC集群的系统架构。相比单节点的Oracle,RAC具有三点优势。

第一,可以实现多节点的负载均衡。RAC数据库集群可以根据设定的调整策略,在集群中实现负载均衡的功能,在集群中每个节点都是正常工作的,各个节点也是相互监控的,当集群中某个节点出现故障,RAC会自动将故障的节点从集群中隔离,并将在失败节点上的业务自动切换到其他健康的节点中。

第二,提供稳定可用的服务。当有故障节点出现时,业务会自动切换到正常节点上,保证业务对外服务不间断。

第三,具有很好的扩展性。业务的稳定是非常重要的,在集群系统不能满足繁忙的业务时,RAC可以随时添加集群节点并能够自动加入集群,不会出现业务宕机的情况;反之,在不需要某个节点时,删除也很方便。②

---

① 新钛云服:《Oracle RAC集群结构》,百家号,2018年10月30日,https://baijiahao.baidu.com/s?id=1615710290119341887&wfr=spider&for=pc。
② 新钛云服:《Oracle RAC集群结构》,百家号,2018年10月30日,https://baijiahao.baidu.com/s?id=1615710290119341887&wfr=spider&for=pc。

经过了 RAC 的升级,淘宝网的数据仓库"从一开始的 4 个节点逐步发展到 20 个节点,成为当时号称全球最大的 RAC 集群,在 Oracle 官网上也成为经典案例"①。

当时 RAC 集群不管在稳定性、安全性、存储能力还是计算能力上都表现得非常优秀,至此,淘宝第一代数据仓库初步形成。同时,为了解决脚本运行的纠错问题,淘宝团队自主研发了名为"天网"的调度系统(图 2-8),是调度系统原型。

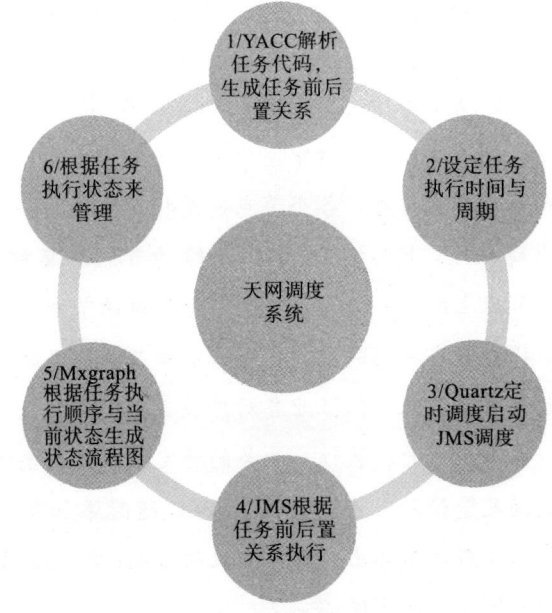

图 2-8 天网调度系统架构②

---

① 《淘宝的大数据之路》,搜狐网,2016 年 11 月 6 日,https://www.sohu.com/a/118278018_466839.

② 《淘宝的大数据之路》,搜狐网,2016 年 11 月 6 日,https://www.sohu.com/a/118278018_466839.

（二）阶段二：Hadoop 时代

2008 年之后，淘宝进入了一轮高速发展时期：2008 年淘宝 B2C 新平台淘宝商城（天猫）上线；2009 年淘宝成为中国最大的综合卖场；2010 年相继推出了聚划算、一淘网等业务。业务的快速增长导致了数据量的成倍增长，基于 RAC 的数据平台已经无法满足淘宝的数据处理需要。2009 年，数据团队开始探索新的技术领域。其中，"Hadoop 因其良好的线性扩展能力，并且是开源的系统，能够基于官方版本二次开发，适合淘宝的特性功能，逐渐占据了优势"[1]。

Hadoop 是一个由"Apache 基金会开发的分布式系统基础架构。用户可以在不了解分布式底层细节的情况下开发分布式程序，充分利用集群的威力进行高速运算和存储。Hadoop 框架最核心的设计就是 HDFS 和 MapReduce"[2]。HDFS（Hadoop Distributed File System，分布式文件系统）的特点是有较高的容错性，HDFS 放宽了 POSIX 的要求，可以以流的形式访问（streaming access）文件系统中的数据。MapReduce 是云计算的一种核心计算模式，"一种分布式运算技术，也是简化的分布式编程模式，它主要用于解决问题的程序开发模型，也是开发人员

---

[1]《淘宝的大数据之路》，搜狐网，2016 年 11 月 6 日，https：//www.sohu.com/a/118278018_466839.

[2] 徐继业、朱洁华、王海彬：《气象大数据》，上海科学技术出版社 2018 年版，第 46 页。

拆解问题的方法"①。

基于能与云计算框架很好融入的 HDFS 分布式文件系统以及可以对大规模数据进行计算和存储的 MapReduce，Hadoop 系统得以实现云计算的分布式、并行计算和存储，从而展现出处理大规模数据的能力。

2010 年年初，淘宝数据仓库开始全面使用 Hadoop，将所有的数据迁移到 Hadoop 架构，形成了 Hadoop 时代的数据仓库架构（图 2-9）。

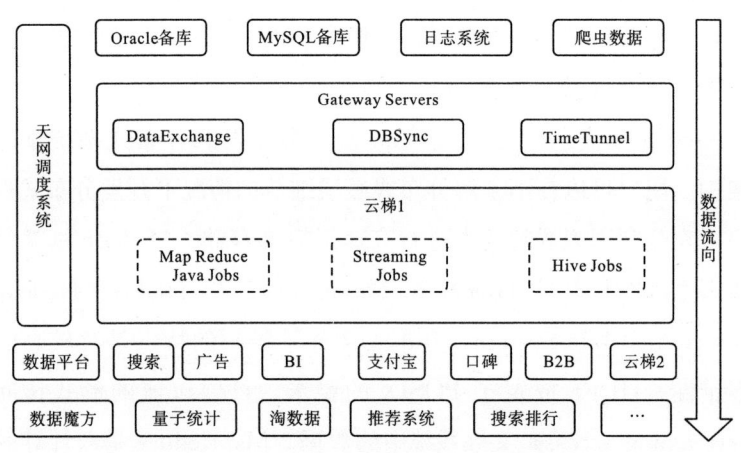

图 2-9　Hadoop 时代的数据仓库架构②

淘宝 2010 年年底发布了量子统计（淘宝官方版），2011 年 4 月 1 日发布了数据魔方，将数据对外开放，初步尝试数据变现。此时，淘宝数据仓库面临一个棘手的问题，就是数据格式的不兼

---

① CSSDN：《淘宝（大数据库应用）》，2015 年 8 月 22 日，https：//blog.csdn.net/tjjzs/article/details/47857401.

② 《淘宝的大数据之路》，搜狐网，2016 年 11 月 6 日，https：//www.sohu.com/a/118278018_466839.

容,"业务系统有各种各样的数据源,Oracle、MySQL、日志系统、爬虫数据。当时有多种同步的方式,有通过 Shell 脚本的、也有通过 JDBCDump 的、还有别的方式。每当业务系统进行数据库变更时,各种同步任务需要不断地调整,每次调整极其容易出错"①。为了解决数据同步的问题,淘宝数据团队研发了专门的同步工具 DataX(图 2-10),它是现在同步中心的前身。

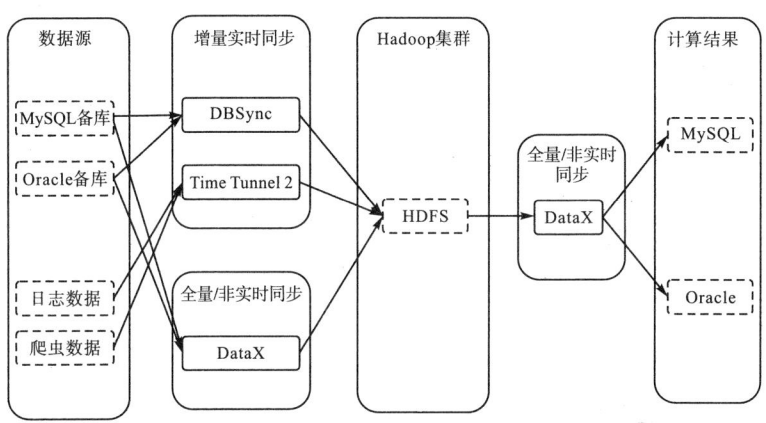

图 2-10 Hadoop 时代的数据同步工具 DataX②

(三)阶段三:MaxCompute 时代

在前两个阶段,无论是 RAC 系统还是 Hadoop 系统,核心技术都是掌握在别人手里。彼时在 Hadoop 系统的基础之上,阿里云团队也在加紧自主技术 ODPS 的研发,这就是现在大名鼎

---

① 《淘宝的大数据之路》,搜狐网,2016 年 11 月 6 日,https://www.sohu.com/a/118278018_466839.

② 《淘宝的大数据之路》,搜狐网,2016 年 11 月 6 日,https://www.sohu.com/a/118278018_466839.

鼎的 MaxCompute。MaxCompute 是阿里集团打造的一个高效能、低成本、完全托管的"EB 级"[1] 大数据计算服务系统，系统的所有代码均由阿里集团自主完成。

相比于 Hadoop，MaxCompute 在成本、易用性、储存弹性与服务等方面都有了大幅提升。

2013 年 4 月，随着 Hadoop 集群即将到达 5000 个节点的上限，淘宝启动了"5K 项目"——一个集成了 Hadoop 和 MaxCompute 系统的跨机房集群项目。在当时，"世界上没有任何一家公司具备跨机房的能力，存在非常大的技术挑战，最后项目历经近 5 个月的周期，攻克大量技术难点，取得了成功"[2]。

在"5K 项目"成功的同时，MaxCompute 的架构逐步成熟，于是阿里集团启动了"登月项目"——将全集团的数据加工应用全部迁移到 ODPS。2015 年，Hadoop 正式下线，淘宝大数据正式进入 MaxCompute 时代。

同时，淘宝数据团队在面对数据冗余、口径统一、数据交换、用户自助等一系列问题时，开始探索新的数据服务模式。最终，针对不同的数据角色，形成了一套完整的数据解决方案，这个方案被称为"孔明灯方案"（图 2-11）。孔明灯方案的出现，对整个大数据建设起到了非常好的管理作用，"当时在淘宝内部，覆盖了大部分的业务 BU（Business Unit），对数据使用成本的降低，释放了大量的人力，同时也吸引了外部用户高德地图、阿

---

[1] EB 是表示数据量大小的单位，1EB=1099511627780MB。
[2] 《淘宝的大数据之路》，搜狐网，2016 年 11 月 6 日，https：//www.sohu.com/a/118278018_466839。

里健康基于这套体系进行大数据建设"①。

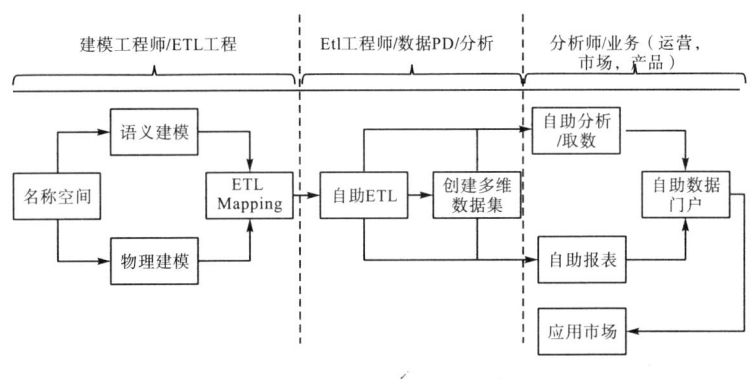

图 2-11 孔明灯方案

四、关于淘宝的学术探讨

由于互联网媒介技术发展迅猛,学界对此领域的研究面临难题:新现象出现迅速,学界常常来不及反应,等意识到的时候,研究价值已经失掉大半;即使研究已开始,也可能在研究进行中,研究对象就已经被替代,或者在成果之后迅速被淘汰。因此,目前互联网媒介研究常常呈现出碎片化状态。本节将集中归纳整理有关淘宝的研究文献,使其形成系统。

需要说明的是,与传统的传播学研究对象相比,淘宝不属于一个研究典型。在概念上,淘宝与以内容生产为主的传媒属于不同的范畴,因此,基于传播学研究的经典研究模式"传播者-传

---

① 《淘宝的大数据之路》,搜狐网,2016 年 11 月 6 日,https://www.sohu.com/a/118278018_466839.

播内容-受众",以下所涉文献集中在与淘宝相关的"人"的研究上。

(一)人机交互与用户体验研究

人机交互研究的是如何把计算机技术和人联系起来,使计算机技术最大限度地人性化,即实现计算机的"易用性"。要做到这一点,就必须研究人的认知心理、审美心理与人的行为等,基于研究结果,在界面设计中,充分运用人们容易理解与记忆的图形(具象或抽象)与少量文字、静止或/和运动的画面、色彩等,提高人机交互性能及用户体验。

在计算机发展历史上,人们早前很少注意计算机的易用性。人机交互设计仅仅被视为软件的美化设计的一部分,因此通常被置于开发过程的最后阶段,往往难以获得令人满意的用户体验。在进入信息时代后,特别是在以苹果手机为代表的智能移动终端发明和普及后,人机交互逐渐成为计算机领域研究的重点。如今,对于任何互联网经济体来说,人机交互都是其未来发展的核心。

就学术惯例来说,用户体验作为传播效果研究的研究对象拥有很长的历史,从"使用与满足"假说开始,它一直是传播学研究的核心问题之一。但在前信息时代,用户体验研究主要集中于用户对内容的满意程度,即集中于对各种文本,例如文字、图片、电影、电视剧等,通过焦点小组、内容访谈等形式,研究文本对用户(受众)的多种影响。基于人机交互的用户体验研究可以算是一种新的受众研究。

国内较早关注淘宝人机交互设计以及用户体验的是《基于

C2C 网络购物平台的用户体验研究》一文。文章在 Jesse James Garrett 的理论框架下，系统地分析了淘宝网的人机交互设计，并将重点放在淘宝网的信息架构设计。信息架构（Information Architecture，IA）"着重于设计组织分类和导航的结构，从而让用户可以高效率地浏览网站内容。信息构架要求创建分类体系，并且这个分类体系应该实现达到网站的目标、满足用户需求等多重目的"[①]。信息构架要求创建一个分类体系，一般来说，信息构架是所有互联网行业网站设计的基础，决定了网页设计的呈现方式，直接影响用户体验。

单鹏认为淘宝网的信息架构在组织、标签、导航、搜索四个系统中都体现了设计的合理性。淘宝网根据不同用户需求对首页导航栏进行分类，用户的各种需求在首页设计上得到了布局合理的体现。这种交互式设计方式使得信息组织系统具备了合理性、完整性、简洁性、顺序性以及层次性。除此之外，单鹏还进行了用户满意度的实证研究分析，根据其问卷调查，淘宝网在网站界面设计、视觉表达、搜索方式多样性、结果反馈等方面的评分均超过了 4 分（单项满分为 5 分）。

单鹏的研究将人机互动体验的研究范围从纯粹的技术讨论与电子商务网站勾连，并将研究重点集中在 C2C 购物网站以及用户的使用体验上，明确了人机互动体验的主要研究内容，并以实证方式验证用户体验的要素与评估体系，实现理论研究、案例分析以及实证研究的综合统一，超越了单纯的技术视野，提供了一

---

① 单鹏：《基于 C2C 网络购物平台的用户体验研究》，江南大学硕士学位论文，2011 年，第 16 页。

个很好的研究范例。

《购物网站受众本位交互设计研究》[①]《基于中国 C2C 电子商务网站的用户体验研究》[②] 等文章也从人机交互视角出发，基于问卷和抽样调查等严格的实证研究，分析了以淘宝网为主要对象的购物网站的人机交互设计。

除了以上基于信息架构的人机交互的研究，还有学者从艺术角度对淘宝网站设计进行学理探究。《电子商务网站界面交互设计与审美研究》[③] 在综合分析包括淘宝网在内的数家国内大型电商后，认为影响用户审美的视觉元素主要包括界面色彩、版式布局、图像图标、文字设计、按钮设计以及 banner 设计。同时，作者明确指出了交互式界面设计扁平化发展趋势，并认为扁平化设计能够使信息量承载巨大的电子商务网站的界面看上去更为简练，为用户带来更好的体验。从目前互联网设计风向标苹果 IOS 系统从 3D 转向 2D 的界面设计来看，扁平化设计的确是目前人机交互设计的一个主要趋势。

目前人机交互的一个明显发展趋势是主要平台转移到了移动终端。以前需要在电脑网页上进行的各种活动，现在基本上都转移到移动终端上，淘宝也不例外。据淘宝方面的数据，截至

[①] 舒昕：《购物网站受众本位交互设计研究》，湘潭大学硕士学位论文，2012年。

[②] 苏倩：《基于中国 C2C 电子商务网站的用户体验研究》，北京邮电大学硕士学位论文，2011年。

[③] 田纪君：《电子商务网站界面交互设计与审美研究》，浙江农林大学硕士学位论文，2013年。

2015年年底，手机淘宝商家累计活跃用户数超过100亿[1]，并且淘宝网与无线淘宝已经完成合并，"淘宝网已经是一个无线化的淘宝，淘宝的无线化已经完成，消费者已经完全迁移到无线上"[2]。因此，对于淘宝在移动终端上的交互体验研究，是学界与业界未来研究的重点。

《购物类网站从桌面端向手机端移动化的交互设计研究》[3]一文从设备特征、平台交互特征、购物使用情景、购物流程、购物任务、购物服务和用户习惯7个方面综合对比了移动端和桌面端的购物体验，并且结合用户的访谈资料，梳理了目前移动端在交互设计上的缺陷，为未来的设计提供了更多的方向。

《购物APP交互设计的用户体验艺术——以淘宝为例》[4] 一文系统性地分析了淘宝手机应用的交互体验。作者认为淘宝手机应用设计的成功之处在于：（1）信息表达符合用户心理模型，根据用户视线的移动习惯布局标签，提高用户体验的流畅感，突出了用户主导的原则；（2）隐喻设计，以"购物车"功能为例，将虚拟世界和现实世界有机联系在一起；（3）反馈友好，细节设计十分人性化，综合考虑了用户在使用过程中可能遇到的多种问题；（4）视觉设计分明，网站并未因功能、分类的繁杂而失去视

---

[1] 杭州市人民政府网：《手机淘宝流量比PC端增长三倍以上》，2016年3月4日，http：//www.hangzhou. gov.cn/art/2016/3/4/art_812266_419160.html.

[2] 《PC电商已死，淘宝将彻底无线化？淘宝新的运营趋势又是什么》，开淘网，2018年7月11日，http：//www.kaitao.cn/article/201603300957350559.htm.

[3] 孟凡杰：《购物类网站从桌面端向手机端移动化的交互设计研究》，江南大学硕士学位论文，2014年。

[4] 马文彬、徐延章：《购物APP交互设计的用户体验艺术——以淘宝为例》，《美术与时代·创意（上）》，2016年第4期，第88—89页。

觉上的和谐统一，感官体验和谐。

目前关于人机交互的研究方兴未艾，交互式体验的研究从屏幕转向了虚拟现实，例如目前的 VR 技术。在这些技术浪潮中，淘宝将会如何发展呢？无论技术如何发展，有一条核心原则永远不会变："交流的责任被决定性地赋予计算机而不是人类，不是用户必须去学习计算机提供的界面，而是计算机必须满足用户的偏爱。"①

（二）淘宝村研究

淘宝村作为一种特定经济发展阶段的产物，是十分有特色的研究对象，其特殊性在于：（1）中国改革开放后制造业大发展，凭借低廉的劳动力以及其他成本成为世界工厂，"made in china"成为历史性的标签；（2）互联网技术的发展与中国制造业的偶然重叠使得"淘宝村"成为一种不可复制的系统，无论是作为一个经济系统还是人文系统，都是独一无二的。淘宝村虽然与淘宝网的运营并无直接的经济隶属关系，但是和淘宝网形成了独特的"共生关系"，是珍贵的经济学、人类学、社会学以及文化学研究样本。作为一种独特的当代社会经济产物，淘宝村也得到了学界的广泛关注。

《社会创新因素促进"淘宝村"电子商务发展的实证分析——以浙江丽水为例》一文基于对于丽水市 275 位"淘宝村"商户的调查数据，运用分层回归分析方法，从"社会创新"角度

---

① 莫尔恩·考第尔语，转引自吴瑜：《人机交互设计界面问题研究》，武汉理工大学硕士学位论文，2004 年，第 4 页。

对影响淘宝村经济发展的因素进行了实证分析,并得出以下研究结论:"第一,营销因素对于淘宝村销售影响不大,而社会创新因素,包括个体创新、社交示范以及社会组织等,对淘宝村销售具有明显的促进作用;第二,网商等组织还表现出一定外部性,与营销因素以及社会创新因素协同作用,取得了'1+1>2'的效果;第三,从业人员的文化水平也会显著影响网络销售业绩。"[①] 文章采用严格的实证研究方法,是目前国内比较少见的关于淘宝村实证研究的经典案例。

《淘宝村形成过程研究:以东风村和军埔村为例》一文系统总结了我国淘宝村形成的过程。文章在梳理国内两个淘宝村的发展历史后,结合国内外学者的研究成果,并基于 Bruso 关于意大利集群的研究,提出"两阶段成长模型",将我国淘宝村的形成过程总结为"两阶段-五环节"演化模型。"……第一阶段单纯依靠民间自发力量完成淘宝村的萌芽和初步发展,第二阶段是淘宝村发展到一定规模后,地方政府开始介入,行业协会成立,各类服务主题进驻村庄,五个环节包括引进项目、初级扩散、加速扩散、抱团合作和纵向聚集……"[②] 该文以传统的地缘经济学研究成果为基础,重点探讨了产业由个人(创业达人)向群体扩散的整个过程,比较完整地呈现出我国淘宝村的发展模型。

相对于以上的宏观研究视角,《我国"农民网商"的微观特

[①] 崔丽丽、王骊静、王井泉:《社会创新因素促进"淘宝村"电子商务发展实证分析——以浙江丽水为例》,《中国农村经济》,2014 年第 12 期,第 50 页。
[②] 曾亿武、邱东茂、沈逸婷、郭红东:《淘宝村形成过程研究:以东风村和军埔村为例》,《经济地理》,2015 年第 12 期,第 97 页。

征及问题分析——基于对福建某省"淘宝镇"的调查》[1] 一文以微观视角,采用问卷调查法和民族志法,深入福建 L 市 M 镇,获取了 M 镇农民电商的两个重要指标:(1)个体特征:年龄结构年轻化,男性依然具有压倒性的性别优势;(2)经营特征:经营多个网店且以 B2B 模式为主,以家庭经营形式为主,以家庭资金为主,销售额度较小,产品成本、物流成本、营销成本是主要成本,以价格策略为主要营销策略。

《地方自觉与乡土重构:"淘宝村"现象的社会学分析》[2] 从城市化的角度对淘宝村进行了社会学视角的研究。该文结合相关的经验研究与事实观察,分析淘宝村产生与发展的社会结构与地方自觉的行动逻辑,并从全球化与现代化的角度阐释了淘宝村的社会变迁意义和其中存在的结构性问题,较有深度地分析了传统乡村在各种历史潮流中的结构性变迁及其对村民生活生存状态的影响。

《合法性悖论:淘宝村民间团体的生存困境》[3] 对淘宝村民间团体合法性进行探讨。在国内淘宝村大量出现的背景下,许多论文的研究重点都集中于农民电商,而该文将研究重点放在了淘宝村形成过程中一个十分重要但是被长期忽视的重要角色——民间团体。该文认为在淘宝村形成的过程中,民间团体首先获得的是文化合法性,即获得当地村干部、村民、网商租客三个群体的

---

[1] 路征、张益辉、王珅、董冠琦:《我国"农民网商"的微观特征及问题分析——基于对福建省某"淘宝镇"的调查》,《情报杂志》,2015 年第 34 卷第 12 期。

[2] 陈然:《地方自觉与乡土重构:"淘宝村"现象的社会学分析》,《华中农业大学学报(社会科学版)》,2016 年第 3 期。

[3] 董运生、傅园园:《合法性悖论:淘宝村民间团体的生存困境》,《江海学刊》,2016 年第 4 期。

共同认可，符合当地商业文化传统，满足不同群体的共同利益，形成具有共识的规则和秩序。在获得文化合法性之后，淘宝村民间团体进一步获得经济合法性，其最直观的表现就是货源、技术和信息"三共享"。民间团体在获得了文化与经济合法性之后，开始迅速成长为一个大型的民间团体，此时民间团体开始陷入"公众合法性"与"体制合法性"的矛盾之中。为了进一步获得合法性地位，民间团体需要获得体制合法性，但获得体制合法性之后，民间团体便失去了以前的活力与基础，可能失去"公众合法性"。这是我国所有民间团体共同面临的问题。文章以 QLY 村的电商民间团体为对象，深入阐述了淘宝村的民间团体的合法性形成机制、所面临的困境以及可能的解决方法。

除了上述研究以外，当然还有其他论文，例如《基于产业集群理论的淘宝村同质化竞争研究——以江苏省东台淘宝村为例》[1]、《论电子商务产业集群的形成机制——基于"淘宝第一村"的案例研究》[2]、《关于淘宝村网商发展策略的研究——以中国"网店第一村"浙江义乌青岩刘村为例》[3] 等，这些论文从不同学术视角对淘宝村做了学理探讨，丰富了淘宝村议题研究的深度和广度，增加了淘宝村研究的多样性，是独具本土特色的研究。

---

[1] 王瑛:《基于产业集群新理论的淘宝村同质化竞争研究——以江苏省东台淘宝村为例》，南京大学硕士学位论文，2016 年。
[2] 张灿:《论电子商务产业集群的形成机制——基于"淘宝第一村"的案例研究》，《区域经济评论》，2015 年第 6 期。
[3] 胡卉然、朱舒依、李硕等:《关于淘宝村网商发展策略的研究——以中国"网店第一村"浙江义乌青岩刘村为例》，《中国市场》，2015 年第 45 期。

五、淘宝的社交化尝试

早在 2012 年，阿里巴巴首席战略官曾鸣就表示，社交化是淘宝未来的战略方向，未来三四年，淘宝将通过 SNS（Social Network Site，社交网络）机制完成大部分商品与浏览的互动。通俗一点来说，淘宝网希望成为一个以社交为基础的内容平台，以内容促进消费行为的完成，并获得更高的用户忠诚度。淘宝网作为国内电商的老大，为什么要进行社交化的尝试？作为一个成熟的电商平台，淘宝社交化的目的是什么？如何进行社交转型？

（一）淘宝网为什么要做社交化

淘宝网进行社交化的重要原因是客户流量入口发生了变化。从 2010 年手机淘宝上线到 2018 年年底，淘宝 80% 的用户流量和 70% 成交量均来自无线客户端，可以说，淘宝的无线化已经完成，消费者也已经完全迁移到无线网络平台上。

无线化带来的最重要的变化是屏幕大小的改变，这将直接影响用户的使用行为。由于屏幕尺寸的限制以及无法多窗口化（例如使用网页时，我们可以同时使用 QQ 和浏览网页，但是在手机端，同一个时间点上我们只能操作一个程序的界面），内容对屏幕争夺比 PC 时代更加激烈。

这种变化带来的最直接的影响就是：传统 PC 用户购物是"搜淘宝"，即带着明确的目的上淘宝搜索自己想买的产品；在无线时代，用户变成了"逛淘宝"，不再通过搜索获取想要的内容，而是通过社交获取想要的内容。用户成为信息传播扩散的一个节点,人际网络中对内容的关注、分享使得商品信息进入用户的视野。一件商品分享得越多,流量越多,卖得就越好。

如果淘宝仍旧保持PC时代的"货架模式",单纯展示产品,那么用户打开淘宝应用后发现没有感兴趣的内容,便会关掉应用,最终淘宝会沦为一个工具,在用户需要买东西的时候才会被打开。如果淘宝不建立让用户"感兴趣的人"或"感兴趣的事",那么用户将不再有黏度,淘宝的用户就会越来越少。"感兴趣的人"就是淘宝所谓的社交化,而"感兴趣的事"就是淘宝所谓的内容化。

虽然之前进行过一些社交方面的尝试,例如早在2011年淘宝网就开始SNS的进程,将"淘江湖"融入"我的淘宝",但当时社交一直不是阿里的重点,"淘江湖"也只是淹没在淘宝众多功能中的一个失败案例。

直到在以苹果为首的移动智能设备普及之后,社交黏合所带来的经济效益才开始真正显现。微信在金融领域的突袭使阿里巴巴真正看到社交化的巨大经济潜力。腾讯和阿里巴巴这两大互联网巨头本来在PC时代井水不犯河水,各自占据着社交和金融两个领域的龙头位置,可是到了无线时代,腾讯在垄断社交之后,成功染指了一向是阿里巴巴的天下的互联网金融领域,微信钱包、微店蚕食了一部分由阿里巴巴牢牢掌握的第三方支付市场份额。这对阿里巴巴来说如当头棒喝。

据统计,在2015年超过四分之一的移动互联网用户每天打开的手机应用数量不超过5个。① 其中腾讯的微信月活跃用户6.9亿、日活跃用户4.9亿，QQ的月活跃用户5亿、日活跃用户2.9亿②，分别占据了第一、第二名，手机淘宝居于第三。手机淘宝如果不能有效地将用户黏在自己的界面中，那么必然面临用户流失，手机淘宝最终将沦为一个工具，而不是社交网络的一个有机组成部分。

拐点已到，淘宝打算如何进行社交化转型？

（二）淘宝的社交化尝试

一个成熟的社交网络需要包含三个因素：（1）庞大的用户规模；（2）成功建立用户关系；（3）有效维护用户关系。基于此，淘宝的社交战略其实非常清楚——用户、平台、内容。

就用户这一点而言，淘宝巨大的访问量已经有相当牢固的用户基础，手机淘宝超过1亿的月活跃用户和4亿的日活跃用户短时间内还没有其他电商平台可以撼动。同时，阿里巴巴旗下拥有众多的社交媒体网站，例如虾米音乐（于2021年2月5日关停）、优酷视频，并且和国内最大的微博平台新浪微博也达成了战略合作关系，这些网站能带来潜在用户的长尾效应。但在平台内部将用户"黏"起来，具有相当的难度，一款手机应用产品可以具有相当程度的安装量，但很难使得用户主动社交，这些用户之间并没有黏合关系，也就无所谓社交。

---

① 《淘宝为什么拼了命也要做内容化和社交化》，今日头条，2016年4月28日，http://www.toutiaoi.com/i6278632325064425986/。

② 《数据干货，2015全年APP价值榜终极解》，搜狐网，2016年1月16日，http://it.sohu.com/20160106/n433702680.shtml。

什么才能将用户"黏"在一起呢?就是平台和内容,第一是人们愿意在平台上停留,第二是平台上有东西可以分享。

平台是淘宝网一直以来的短板,因此淘宝网从制定 SNS 战略开始,就以建设平台为核心。例如前文提到 2010 年淘宝网就耗资 50 亿元在其平台基础上推出了"淘江湖",试图打造一个集合娱乐休闲、网络购物、兴趣互动、经验交流于一体的综合型社交网络。后来,淘江湖升级融合进"我的淘宝"页面,除保留了原有的买卖信息外,还增加了宝贝分享、好友日志、游戏应用等 SNS 元素。此外,淘宝还推出了"掌柜说"和"好友分享"两个应用。但作为淘宝社交尝试的第一步,这些平台并不成功,社交黏合作用基本上可以说没有实现。

在 Pinterest[①] 产品兴起之后,淘宝网相继开发了"爱逛街""哇哦""圈子""顽兔"和"一淘发现"。这些产品都是图片型的导购网站,同质化严重,在淘宝站内相互瓜分流量入口,而站外又有"蘑菇街""美丽说"等 Pinterest 类导购网站的竞争。淘宝内部 Pinterest 产品日均独立访客总和仅为 86 万,而"蘑菇街"和"美丽说"的日均独立访客分别在 220 万和 320 万以上。

之后,阿里巴巴紧随潮流,推出了两款移动社交应用——"湖畔"和"来往"。"湖畔"是一款将话题分享给通讯录中特定好友群的 SNS 产品。"来往"类似"Google+",关键词是"移动""生活化""熟人",它的特色功能是"扎堆",其形式介于"话题"和"圈子"之间,通过热门话题吸引熟人加入,扩大社

---

① Pinterest 是指采用瀑布流的形式展现图片内容,无需用户翻页,新的图片不断自动在页面底端加载,让用户不断发现新的图片。

交圈。而在看到微信的成功之后，阿里巴巴以微信为样本打造全新的支付宝界面，几乎复制了微信所有的功能，例如语音聊天、朋友圈等，甚至开通了直播功能。但是这些尝试要么以失败告终，要么没有显著收效。

手机淘宝虽然号称进行了社交化的设计，但其设计界面依然没有明显的社交痕迹，仍以购物为中心，围绕人们的购物行为而非社交行为设计功能布局。虽然在其界面的最下端固定设有"微淘"和"社区"两个具有社交属性的部分，但是，以"微淘"来说，其中大部分是用户所关注的商家上新的内容，可以说是购买链接，完全没有社交的痕迹。打开"微淘"以及"社区"，里面的信息不可谓不密集，整个界面完全被内容填满，人际黏合度非常低。据统计，用户在淘宝"社区"最经常做的事是浏览信息，比例占到95.12%，转发信息的用户占到43.9%，即被动参与居多，积极生产内容的用户很少，大多数用户社交活动参与度不强。可以说，淘宝社交平台的短板非常明显，虽然有庞大的用户量作为支撑，但是用户不在这个平台上进行社交活动，也就无所谓用户黏合。

基于以上分析，前期由于淘宝网自身缺乏SNS的经验，因此其发展带有一定的盲目性。例如将SNS视同于Facebook，且不说购物网站和社交网站架构与目的不同，就算是完全复制了Facebook模式的人人网，也是日落西山，说明Facebook模式不是万能的。又如在看到微信平台的成功，尤其是分走了第三方支付市场的一杯羹后，情急之下又按照微信模版对支付宝进行改造，但是既然是一样的东西，为什么用户不继续使用微信社交而要去支付宝呢？

从目前来看，淘宝网推出 SNS 产品的举措可以说全部失败，淘宝的社交化之路要往何处走？

（三）基于电商属性的内容社交：内容电商化

什么才是淘宝的社交？笔者认为，这段话说得非常到位：

> 什么是淘宝的社交？购买商品时必须先浏览其他用户的评论就是社交，浏览商品时看到"浏览该商品的用户同时也浏览了某某商品"的链接也是社交，收藏某店时看到"收藏该店的用户也收藏了某某店铺"就是社交。把自己的收藏夹公开给其他用户也是社交。价格的比较和评论就是社交。淘宝的社交不是单纯人际间的交往，不是和熟人打招呼，不是和生人交朋友，淘宝的社交是用户必须时刻了解他所需购买物品的相关信息，包括其他人的购买行为，购买评论，和标的物有关的各种信息，以及在此基础上的叠加信息，包括淘宝如何在合适的时机推送这些信息给用户。①

用户来淘宝的目的是什么？答案肯定是购物。淘宝是电商平台，无论是增强用户黏性还是激发购物需求，核心都要在商品和交易上，所以淘宝的社交化是要构建和商品强相关的体系，而不是复制 Facebook 或者腾讯的模式。不管用户在何处社交，只要最后来到淘宝进行购物，那么对于淘宝来说，这就是有效的社

---

① 《马云的社交情结：投资新浪微博就能 SNS 化?》，虎嗅网，2012 年 11 月 20 日，https：//www.huxiu.com/article/6151.html。

交。例如，就算是在微信平台，A告诉B淘宝上有一家店铺的货好，B来到这家店铺进行购买，那么这就是淘宝需要的社交。对于淘宝来说，如何使用户更长时间停留在淘宝中，如何促成更多的交易，才是淘宝社交化的首要问题。

这个问题也终于被淘宝团队意识到了。阿里CEO张勇在谈到淘宝社交化战略时说道：

最近我看到淘宝上有很多达人本身不生产商品和做销售，但是他就是某一方面的达人，有某一方面的喜好，也就是因为这个喜好获得了一些人的青睐。所以我们怎么样把这些内容生产者和商品生产者的关系梳理清楚，能够形成一种基于内容来传播商品，最终完成这个商品的消费这种新的消费动线的设计，这是淘宝在未来一段时间内，在社区化和内容化当中非常重要的一件事情。网红经济只是一点。淘宝将充分赋予大数据个性化、粉丝工具、视频、社区等工具，搭台让卖家唱戏。淘宝正在聚集一大批内容生产者，从一个万能商品市场走向超级消费者媒体，吸引更多用户，创造商业机会。淘宝将充分利用优酷、微博、阿里妈妈、阿里影业等阿里生态圈的内容平台，紧密打造从内容生产到内容传播、内容消费的生态体系，让商家从运营流量转变为运营内容，通过对人的关注，对内容的兴趣，获得顾客，建立口碑，最后形成牢固的会员关系。①

---

① 《张勇：社区化、内容化和本地生活化是未来淘宝三大方向》，新浪财经，2016年3月29日，https://finance.sina.com.cn/roll/2016-03-29/doc-ifxqsxic3556214.shtml。

通过这段讲话可以看到，这次淘宝社交化发展的思维清晰了许多。首先是确认了以内容为主的社交模式，以网红和内容吸引用户，推进内容的电商化。

虽然"网红经济"如今人们耳熟能详，但是在5年之前，它还是一个新生事物。淘宝找准了目标。淘宝网副总裁杨过彼时就认为网红是文化的缔造者，也是创业大军中的一员，他们有一定的设计能力，会运营内容和粉丝，知道少数人群的需求，善于给他们提供个性化的高端定制，用自己的方式验证着长尾理论。同时，就淘宝的定位而言，它不参与内容的生产，而是辅助生产内容的人。网红虽然能带来巨大的流量红利以及高黏度的用户关系，但缺少整合供应链的能力，淘宝正可以为其提供资源和发展方向，让后端的生产和需求匹配更有效。

这一次，淘宝比较幸运，其网红战略刚好撞上了直播产业的起飞。直播这一传播方式与淘宝的卖货功能可谓天造地设的一对。2016年3月，"淘宝直播"正式上线。

4年之后，淘宝网红战略已经初见成效。淘宝亿级的用户量在网红的推波助澜之下，达到惊人的商业转换。例如服装类网红张大奕在2016年6月20日淘宝直播上线100天时，进行了4个小时的直播，其粉丝热情不断高涨，某一单品的销售速度达到5件/秒，店铺新品成交逾10万件，41万的收看人数带来了超过2000万的成交额。2016年"双十一"，她的店铺成为淘宝第一家销量破亿的女装类店铺，轰动全国。

之后，主播李佳琦和薇娅的出现，更是将带货主播这一职业变成了社会舆论的焦点，并将这种变现能力发挥到极致。相较于张大奕的直播只能为自己店铺带来效益，薇娅和李佳琦都是直接将直播作为独立于店铺的事业，旨在进行流量的引导。2016年5月，薇娅正式成为淘宝直播的一名专职主播，4个月后便引导成交额达1个亿。2018年，薇娅的全年销售额达到了27个亿。更惊人的是，仅仅在2019年"双十一"期间，薇娅就带来了相当于2018年整年的销售额。在2020年淘宝直播盛典上，淘宝直播负责人表示，至今已有100万以上的主播成为淘宝直播生态合作伙伴，其中177位主播年度总成交额破亿。

直播不仅为主播和商家带来了巨大的利益，也让淘宝平台受益匪浅。阿里巴巴最新发布的财报显示，淘宝用户增长表现抢眼。截至2019年，淘宝、天猫移动端月活跃用户达到7.21亿，比去年同期增长了1.04亿，环比增加了2200万。其中，年活跃消费用户为6.54亿，比去年同期增长1.02亿，淘宝直播月活跃用户同比增长超100%。通过直播带动的成交额已连续三年增速超过150%，2019年淘宝直播总成交额突破2000亿。① 可见，直播已经成为促进手机淘宝用户互动的收益增长最快的功能之一。

直播模式所带来的巨大经济效益表示这种模式或将是未来淘宝进行社交化的主流模式，"以淘宝直播上的红人薇娅为例，能实现一场直播百万人观看，上亿成交额的成绩，已经不是点缀，而是未来商业模式的主流"②。

---

① 直播眼资讯：《2020淘宝直播盛典：未来将帮助十万名中小主播月入过万》，百家号，2020年3月31日，https://baijiahao.baidu.com/s?id=1662659022052334825&wfr=spider&for=pc.

② 《淘宝第一女主播薇娅：一年引导成交额超27亿》，搜狐网，2019年1月10日，https://www.sohu.com/a/288055202_329412.

第二章 淘宝：电商、社交一个都不能少

结　语

本章通过介绍淘宝在 C2C 与 B2C 两个市场的策略，大致回顾了淘宝的发展历程，并在回顾中总结了淘宝超越一众竞争对手的主要原因，即充分理解国内的市场文化，推出了一系列措施满足人们的文化心理需求的策略，比如免费策略以及资金安全保证和信用保证等行之有效的措施，保障了交易双方的经济安全。

在对国内外关于淘宝的研究文献的梳理过程中，发现除了对淘宝本体的研究之外，对淘宝相关社会现象也有丰富的文献资料，其中"淘宝村"作为一个特定经济时代的产物，拥有重要的研究价值。同时，在目前国内整体经济结构转型升级的大背景下，这些依托制造业发展起来的淘宝村该何去何从，也是一个值得探讨的问题。

最后，基于以上历史性回顾，介绍了淘宝的社交化发展战略。淘宝在社交化上的不顺利，其实也反映了互联网经济的复杂程度，所以一个企业不是依靠资金和用户就可以在整个行业称霸的。在经历多次失败的尝试之后，淘宝回归自己的电商属性，找准了社交目标，主推网红战略，上线淘宝直播，目前看来取得了阶段性的成功。

第三章　百度：搜索引擎的商业探索

百度，是目前世界上最大的中文搜索引擎和最大的中文网站。"百度"二字，源于中国宋朝词人辛弃疾的《青玉案·元夕》中的词句"众里寻他千百度"，彰显出网站定位——中文信息搜索。今天的百度，是一家市值高达900亿美元的上市公司①，在其搜索引擎创造的网络平台上，百度建立起包括品牌营销、视频、游戏、云计算等多种网络产品与服务在内的互联网帝国。

纵观中国乃至全球互联网市场，百度可谓是一种独特的类型网站。在建立初期，百度并不提供互联网的内容生产，也不建构门户网站，而是完全立足于互联网搜索引擎这一核心技术来发展。百度的核心竞争力就在于凭借技术与市场敏感度，开发出了完全中国化的顶尖搜索引擎系统和商业模式。今天，搜索引擎已经不再只是一个简单提供信息检索的入口和平台。第45次《中国互联网发展状况统计报告》结果显示，中国网民的搜索引擎使

---

① 《百度市值空间还有多大》，腾讯新闻，2021年1月23日，http：//new.qq.com/rain/a/20210123A052p900.

用率高达83%,其中百度所占份额为76.42%,几乎处于垄断地位。① 搜索引擎的巨大市场占有率和即时信息搜索的特征,使其逐渐演变为一种全新的媒介形态,即依托信息流服务而建立的网络生态链。也正因如此,百度这样的大型搜索引擎系统担任起信息世界"把关人"这样的关键角色,它不仅能控制信息的流动,更能在信息传播中起到议程设置、舆论引导与监督等重要作用。可以说,在中国市场,百度极大程度上决定着网民如何获取信息以及能获取怎样的信息,因此百度这样新型的媒介如何定位并发展,成为互联网研究中一个备受瞩目的问题。

百度的另一鲜明特点,是发展出了搜索引擎的新型商业模式,即竞价广告模式。这一独特的商业模式使百度在经济层面获得巨大的成功,同时也使其数次陷入道德危机。而百度在整个发展中所遇见的最大挑战,就是与谷歌(Google)在中国市场的商业战争,这也可谓是中国互联网公司与世界网络公司巨头的一次正面碰撞,尽管百度最终取得了对中国搜索市场的绝对控制,但在与谷歌的竞争中暴露的诸多问题,也引来业界的许多批评之声。

在互联网深度发展的今天,公众对媒体内容生产的需求不断提升,百度也开始打造属于自己的文化内容,而面对短视频平台和微信公众号等媒体的兴起,百度在内容挖掘之路上面临诸多挑战,腾讯、字节跳动等强大对手的出现,让百度的转型显得尤为重要。

---

① 中国互联网信息中心:《第45次中国互联网络发展状况统计报告》,2020年4月28日,https://www.cnnic.net.cn/hlwfzyj/hlwxzbg/hlwtjbg/202004/P020200428596599037028.pdf。

一、中文搜索的百度时代

百度网站的发展历程,也恰好是全球互联网发展历程中搜索引擎的兴起之路。搜索引擎是互联网中发展最为迅速的领域之一,它的出现可谓是必然的。搜索引擎(search engines),又称"搜索机""Web 搜索器",是一种用于帮助网络用户在互联网上检索信息的工具,它以一定的算法与策略在网络中发现、搜集信息,并对搜集的信息进行加工整理和组织存贮,为用户提供检索服务。搜索引擎面向的是全面开放的全球互联网,其采用超链接方式建立起索引数据与网上信息的关联,随后在交互的过程中进行信息浏览和自由词检索。这其中,超链接、自动搜索、自动标引和自动索引是搜索引擎的核心技术。

在网络开始普及的 20 世纪 90 年代初期,门户网站不断涌现、受众不断增多,偌大的互联网世界对受众而言就像是一片信息的海洋,用户如何在这片信息海中找到目标信息,成为一个亟待解决的问题。搜索引擎,即为网络用户架起一座通往互联网信息世界的桥梁。从最初的简单收集网址数据,到逐步发展为精准抓取关键字和联想搜索,搜索引擎已然成了人们获取互联网信息所必须使用的网络工具。当今世界的许多顶尖互联网公司,如雅虎、谷歌和微软等,都曾抓住机遇,加入开发搜索引擎的大潮之中。

回顾百度发展史,在搜索引擎开始蓬勃发展的 20 世纪 90 年代初,百度创始人之一李彦宏曾作为核心工程师供职于早期提供搜索服务的美国公司 Infoseek。当时的中国正全面进入互联网时代,面对中文搜索引擎的强劲需求以及中国市场的巨大潜力,李彦宏与徐勇毅然回国建立百度公司,成为中国最早的搜索技术提供商,其发展历程如表 3-1 所示。

表 3-1　百度发展大事件表

年份	月份	事　件
2000	1	百度创建
	5	签署第一个客户硅谷动力,开始为用户提供服务
	9	开始为企业级用户提供信息检索服务
2001	10	推出全新商业模式——搜索引擎竞价模式
2002	8	与网易合作,竞价排名全面提升
	9	开始为雅虎中文(Yahoo.com.cn)提供服务,雅虎加入百度竞价排名阵营
2003	7	推出图片、新闻两大技术化引擎,巩固了中文第一搜索引擎的行业地位
	12	推出地区搜索、"百度贴吧"等划时代功能,搜索引擎步入社区化时代
2004	9	上海搜捕公司以每字每天超过 1000 元的价格购得百度一个文字链广告,创下中国网络广告天价
	11	推出百度 WAP 搜索,开始向互联网移动端转型升级
	12	iResearch 发布《2004 中国搜索引擎研究报告》,百度行业领先地位确立
2005	5	推出名为"百度知道"的互动式知识问答分享平台,进军"知识搜索"领域
	8	在美国纳斯达克成功上市,创造了中国概念股的美国神话,首日估价涨幅达 354%
2006	4	推出第三个社区类搜索产品"百度百科"
	6	百度调整了竞价排名的统一起始价规则,"智能起价"系统正式上线
2007	2	发布百度视频搜索
2008	3	百度入选英国《金融时报》"中国十大世界级品牌",是唯一入选的中国互联网企业

续表 3-1

年份	月份	事件
2009	12	百度全面启用搜索营销专业版，即"凤巢系统"
2014	3	百度发布大数据引擎，首次公开大数据能力
2015	7	百度地图领跑，市场份额超 70%，稳居第一
2016	9	发布内容产业的全新产品"百家号"，开始挖掘内容生产渠道
2017	3	发布了集搜索和信息流双引擎于一体的手机百度 V10.0
2018	7	发布《2018 年上半年信息安全综合治理报告》，处理 145.5 亿条有害信息
2019	6	百度百科启用"百科医典"项目，为用户提供权威准确、通俗易懂的健康知识
2019	8	百度应用日活跃用户突破 2 亿，形成了"搜索＋信息流"两大引擎和"百家号＋智能小程序"两大生态立体化布局

时至今日，百度成为世界十大互联网公司之一，在中文搜索市场依然占据着统治地位。

二、技术主导的商业帝国

作为搜索引擎的百度，其建构逻辑应持技术中立的态度，即搜索引擎是连接人与网络世界的一条管道，其存在意义就是如实地将网络世界的信息传达给用户，[①] 这意味搜索引擎的技术架构应是一种无关价值导向的信息分流，但从用户需求的角度考量，仅以关键词为主导的搜索结果仍然是巨量的，因而搜索引擎的发展无一例外地引入了用户偏好算法来筛选信息。基于这样的一种

---

① 方师师：《关于搜索引擎的隐喻及对其内容呈现的反思》，《青年记者》，2019 年第 22 期，第 35 页。

技术逻辑,百度延伸出了竞价排名的商业模式,并将其应用到此后的内容生产渠道——"百家号"中。竞价排名日后成为百度最成功也最受人诟病的商业模式。

(一)技术流的百度搜索

百度能够一跃成为中国搜索引擎的龙头网站,与其强硬的技术背景有着极大的关系。搜索引擎是网民日常使用的基本网络工具,高效快捷是其必备特征,而在看似简单的搜索背后,有着极其复杂的技术架构。搜索引擎根据使用技术原理的不同,分为目录搜索引擎、机器搜索引擎和元搜索引擎;根据数据收录范围的差异,分为综合搜索引擎和垂直搜索引擎。百度搜索引擎在技术原理上是一种机器搜索引擎,在数据范围上是综合搜索引擎范畴。其引擎工作程序主要由4个部分组成,分别是抓取建库、检索排序、外部投票和结果展现(图3-1)。

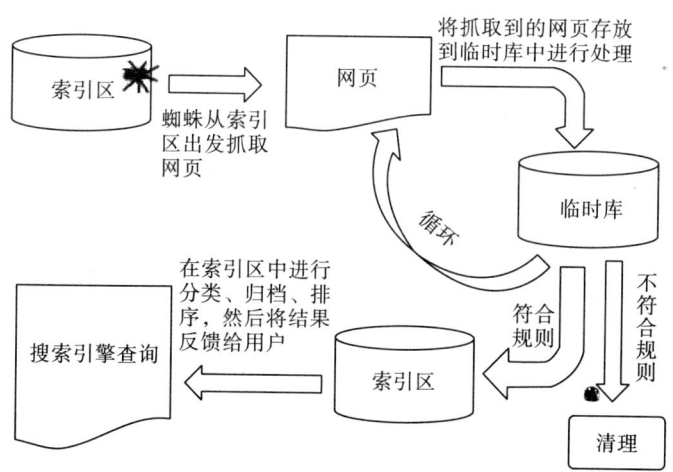

图3-1 百度搜索引擎工作原理示意图

1. 抓取建库

搜索得以实现，基础是数据抓取系统。在整个搜索系统中，Spider 系统是先行部分，主要负责在互联网世界中搜集、保存、更新信息，其因像网络中穿行的蜘蛛而得名。Spider 系统是搜索引擎的数据来源，其工作原理是从一些重要的种子 URL（Uniform Resource Locator，统一资源定位符）开始沿线搜寻，通过页面上的超链接关系不断地发现新 URL 并抓取。总的来说，Spider 系统就是用超链方式尽可能多地抓取有价值的 URL，同时，因为互联网页面经常更新与变动，它还需要再次抓取已获得的页面来保持更新，从而建立一个较为全面且更新及时的 URL 库。

百度 Spider 系统主要由链接储存系统、链接选取系统、链接提取系统、DNS 解析服务系统、链接分析系统和网页储存系统组成，彼此通力合作以此完成互联网页面的抓取工作（图 3-2）。

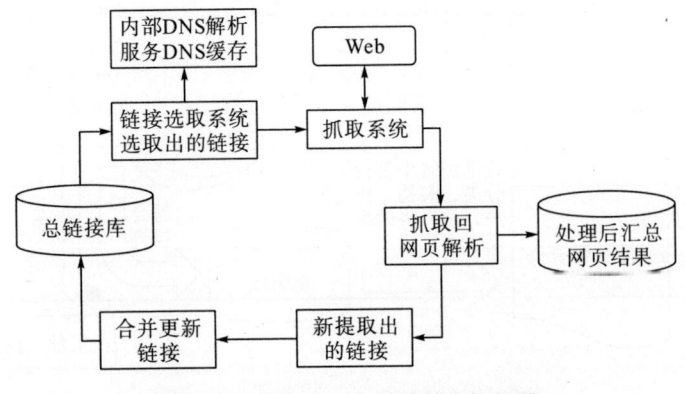

图 3-2 百度 Spider 系统基本框架图

在这些结构组成的系统工作中，除了系统之间的技术合作之外，抓取策略也是决定一个搜索引擎效用的关键。因为Spider系统面对的是时刻在发生变化的复杂网络环境，所以只有设计出合理的抓取策略，才能使系统尽可能得到最有价值的网络信息资源。百度Spider系统在抓取中的第一要求是保持抓取友好性，即控制抓取行为给被抓取网站带来的访问压力。网络信息资源庞大繁杂，要求抓取系统尽可能高效地利用硬件条件和带宽，而抓取系统如果在一段时间内抓取行为过于频繁或者抓取量过大，就会给被抓取网站带宽带来巨大访问压力，从而造成网站服务器的崩溃。保持抓取友好性是对被访网站的保护，在抓取交互中实现良性互动。这种策略要求百度Spider系统严格按照被抓取网站的站点访问压力反馈来调节自身访问行为，在不给网站带来负担的同时保证最多最快地抓取信息。

在保持抓取友好性的同时，Spider系统同时还要考虑多种抓取优先级的调配。在现实中，搜索引擎要保证抓取所有网页并保证更新的一致性，是很难实现的，这要求Spider系统用一套合理的优先级调配策略来保证抓取的效用。为保证抓取效用，百度搜索引擎主要运用的策略包括：深度优先遍历策略、宽度优先遍历策略、PR（Public Relation）公关优先策略、反链策略、社会化分享指导策略等。这些策略在系统中有着不同的运用，其目的都是保证抓取的最优效用。

搜索引擎与资源提供者在互联网世界中可以说是相互依存的两方。Spider系统需要抓取信息资源，为其推广，同时也要和被抓取方达成一种抓取协议，以保证双方利益。这就是网络协议，常见的网络协议有http协议、https协议、robots协议等。百度

Spider 系统需要根据各网站设置的网络协议来抓取信息资源，同时也会根据对方网站的实际情况设定抓取配额，以保证一定的日抓取量。

2. 检索排序

历经 Spider 搜索后，百度搜索引擎建立起专属的海量网页存储库，而要从存储库中快速为用户调出检索结果，则需要检索排序系统来实现。这首先要求检索系统对用户的搜索关键词进行切词分词，再针对切分词在存储库中进行比对与集合，这也就是搜索引擎系统中的倒排索引及求交检索。

检索排序的系统中，页面分析与网页资源的入库写库是重要的先决环节。页面分析对搜索所得原始页面进行分割与标记，如页面标题、关键词、内容、链接等，随后通过数据压缩的方式将其储存至网页存储库中。之后，系统对用户搜索关键词进行分词切词，在网页存储库中查出含该词汇的页面集合，再通过求交与过滤，终于呈现排序结果（图 3-3）。

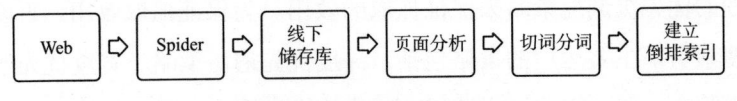

图 3-3　检索系统基本过程

在搜索比对之后，百度搜索引擎会将提取结果按照不同维度进行排序，主要从网页内容的相关性、权威性、时效性和重要性进行考量，同时网页的丰富程度与受欢迎程度也是决定因素之一。

3. 外部投票

在百度搜索引擎建构初期,计算网页的相关性和重要性主要靠其强大的超链分析算法来实现。超链分析算法是一种引用投票机制,其规则是,在搜索结果中,被其他网页用超链指向越多的网页,评分越高,在搜索结果排序中位置越靠前。后来随着网络市场的发展,随着许多专业超链网站出现,极大地干扰了超链分析算法,百度搜索引擎针对这样的现象推出了新的"绿萝算法",以屏蔽专业超链网站,保证其算法的合理性。

4. 结果展现

搜索引擎最直观的用户体验除了体现在搜索时效上,也体现在搜索结果的展现形式上。百度搜索引擎的主要展现形式主要有两种:一是结构化展现,是百度运用最多的一种图文结合、传递明确信息的复杂展现样式,通常会突出时间、下载链接、问答内容等重点信息;二是相对简单的摘要式展现,只包含标题和部分链接。

在复杂的技术架构背后,搜索引擎的算法是决定其效率的关键。不同的算法将会产生不同的分级列表,从而得出不同的搜索结果,而用户的每一次搜索输入与点检,都会进一步影响着算法的走向,从而影响搜索结果。算法技术的标准其实表达出网站的一种价值观。例如谷歌,其 PageRank 算法对新闻内容的抓取和排序,引入的是专业新闻内容的评价标准,而百度的内容排序标准,则因其独特的商业模式和广泛的内容生态圈而更显复杂。

(二)百度的商业支柱:竞价排名

百度目前主要的商业盈利模式包括网络竞价排名、百度联盟、图片推广和品牌推广。这其中,竞价排名是其绝对的盈利核心。竞价排名商业模式是指客户通过购买关键词在搜索引擎中得到推广,并以竞价的方式决定其在搜索结果中的排名先后,而搜索引擎方按推广信息的点击量向客户收费。2015年的百度财报显示,网络营销(即竞价排名)占百度年收入的96.46%,这一比例近年来都维持在同一水平。

竞价排名的诞生,最初是为了解决搜索引擎缺乏盈利模式的问题,最早由搜索引擎公司Overture提出并应用。搜索引擎公司是一种性质独特的网络公司,其面向所有网民提供搜索服务,巨大的开放性使其无法向所有搜索用户收取费用,因此开发搜索引擎所付出的巨大资金成本如何获得商业回报成为搜索引擎公司需要面对的核心问题。Overture公司首创的关键字广告竞价拍卖的盈利模式,恰好解决了搜索引擎拥有大量网络用户却没有商业客户的问题。

竞价排名是一种新型的网络营销模式,其本质是商业广告,它利用了搜索引擎的天然优势,帮助企业将推广信息精准地向客户投放。搜索引擎的特征就是网络信息资源细分,这正好对搜索用户起到了自然分流的作用,而通过搜索结果展示营销链接,则有"用户自主发现"的推广效果。竞价排名与传统的电视、报纸广告等一对多的营销模式不同,它是更具有针对性的定点投放,同时价格更加低廉。这种商业模式一经创立,就被众多搜索引擎公司采用,百度和谷歌的主要商业模式皆脱胎于此。

在百度成立初期，其主要的商业模式是与门户网站合作，提供后台搜索服务，并按照搜索访问量收费。这种模式很快就显示出了局限性：其时，门户网站的有限决定了需求的有限。普通个人用户看重的是搜索结果的全面性、准确性与关联性，而商业网站更看重搜索结果的排名位置[①]。随后，百度搜索引擎上线，标志着百度竞价排名模式的诞生，这种网络推广模式在国内尚属首创。百度的竞价排名投放效率高且成本较低，对中国中小型企业而言具有巨大的吸引力，因而在中国各类企业纷纷向互联网转型的时期，这种新型推广模式迅速成为主流。

百度竞价排名最低预付金为 5000 元，百度将资金存入注册的竞价排名账号中，一旦潜在用户通过百度的推广信息点击访问企业网站，百度就会从相应账号中扣除费用。也就是说，百度的竞价排名是按照其给网站带来的客户访问数量收费的，单次点击的价格由竞价、关键词质量等确定。

通过百度搜索推广的关键词定位，企业的推广结果将以标题、描述、URL 的复杂结构展示在搜索网页上。百度搜索结果的推广页面细分为五种形式，包括首页左侧无底色的标准"推广"，以图片形式置顶的"商品橱窗"，含推广信息的"线索通表单"，搜索页面"闪投大图"，以及借助搜索＋信息流双引擎呈现的"城市名片"[②]。这其中，更具竞争力的结果将优先展示在页面左侧，余下的按照价格和关键词质量依次展现。

[①] 李华、沈穹竹：《解读搜索引擎的话语权力》，《学理论》，2009 年第 16 期，第 176 页。

[②] 百度营销中心，http：//www.cqbaidu.com/service/guanggaoyewu/baidusousuotuiguang/sousuotuiguangxiangqing/default.html.

百度竞价排名这一商业模式的运用，使得百度的市场占有率迅速提升，其市值也一路飙升。但与此同时，以竞价排名为基本商业模式所带来的垄断和诚信等问题，也使百度饱受诟病。

三、大数据时代的搜索引擎嬗变

（一）数据升级的搜索时代

随着互联网技术的发展，数据对社会运转、个人生活的影响越来越大。基于数据分析的舆情分析、人工智能的发展、数字经济的兴盛，都宣告着大数据时代的到来。大数据技术，即基于数据搜索和人工智能形成的综合信息分析技术，相对于传统的互联网数据，国际数据公司 IDC 等业界实践者联合提出的 4V 模型是对大数据进行定义和评判的流行标准：相较于以往的数据收集、存储、挖掘和应用，大数据技术应当符合规模（Volume）大、类型（Variety）多、流转（Velocity）快、价值（Value）高的要求。而百度作为一个以搜索引擎为核心建立起的网站，其立身之本就是数据的抓取与分析。可以说，百度的发展历程就是互联网大数据时代的一个缩影。

以数据收集见长的百度在中国互联网蓬勃发展的时期，着手大数据技术却相对较晚。2014 年 4 月 24 日，百度才正式宣布对外开放"大数据引擎"。这是一个百度自主研发的大数据引擎系统，包括数据中心服务器设计、数据中心规划和设计、大规模机器学习、分布式存储、超大规模集群自动化运维、数据管理、数据安全、机器学习、大规模 GPU 并行化平台等方面。其中，以

"开放云""数据工厂""百度大脑"三大组件为主的核心大数据能力,旨在通过大数据引擎向外界提供大数据存储、分析及挖掘。传统的引擎搜索技术的数据具有广而不精的特点,而大数据技术及由此延伸出的 AI 技术的飞速进步,则极大地提高了数据推送的精准度。可以说,大数据技术本身即是对搜索引擎技术的深化和完善。

从百度的发展历程可以看出,百度是一家以技术见长的,具有深厚工程师文化的互联网公司,从数据的收集、存储到清洗,再到脱敏、归类、标签化、结构化,以及最后的建模分析、挖掘利用,均对技术有着极高的要求,需要服务器集群、数据利用模型和数据处理算法来保障,然后才是对挖掘出来的结果的包装、变现。在原有的技术优势上,百度的大数据发展有着其他互联网公司难以模仿的技术实力。但从大数据引擎的发展而言,百度也有着一贯的问题,即其盈利主体依然是负责精准营销的"凤巢"系统。从早期搜索引擎时期的竞价排名到大数据时期的"凤巢"系统,百度对大数据技术的应用依然相对单一,在此基础上,百度开始向传统领域、社会民生领域做出发展尝试。

例如在 2014 年百度推出公益项目"百度地图春节人口迁徙大数据",将技术应用在民生与新闻领域,利用百度地图 LBS(Location Based Serve,基于地理位置的服务)开放平台和百度天眼,直观地展现了中国春节前后人口大迁移的轨迹与特征,为政府部门的科学决策和社会学、新闻学的学术研究提供了重要的数据。在医疗领域,百度大数据引擎可以通过"开放云"存储个人电子病历,通过"数据工厂"进行数据挖掘和分析,最终通过百度大脑得出对个人健康的分析预测,从而为每个人提供"数字化医生"的服务。可以看出,数字时代,用户越来越多的日常行为从线下转移到线上,并产生了大量非结构化的数据。这让百度这样具有大数据分析技术的公司有了在传统领域发展的新机会,它能够对这些沉淀数据进行深度分析和解读,挖掘其中蕴含的社会、经济和民生价值。

(二) AI 赋能的信息流

数据采集技术的发展极大推动了人工智能的发展。人工智能技术始于 20 世纪 50 年代的自动化浪潮,艾瑞咨询汇总得出业界实践对人工智能的定义:"广义的人工智能指通过计算机实现人的头脑思维所产生的效果,是对能够从环境中获取感知并执行行动的智能体的描述和构建。"[①] 可以说,人工智能就是要在数据的基础上,使计算机不断学习与模仿人类行为。

百度作为国内最大的搜索引擎平台,在 2016 年便已开始系统性地建立 AI 研究机构与研究团队,甚至提出了"All in AI"的口号。在以 PC 端为主的互联网发展初期,搜索是百度最主要的业务,而在移动互联网时代,人工智能的发展赋予了搜索更大的发展空间。信息流,可以说是百度利用 AI 赋能搜索的一个典型案例。百度搜索的总裁向海龙曾提出,百度的核心是"搜索+推荐"双引擎模式,这种所谓的双引擎模式就是将搜索与信息流融合,搜索是用户对数据信息的主动搜寻,而信息流则是让信息主动寻找合适的用户,两者的双向结合使信息的传播更加高效。

[①] 马宁:《互联网平台大数据与智能媒介传播——以腾讯、百度等为例》,《传媒》,2019 年第 23 期,第 47 页。

信息流的基础正是人工智能。通过人工智能的数据学习，百度得以更精准地了解用户的需求，并通过算法将其与信息流进行匹配。搜索引擎的本质是连接人与信息，而在移动互联网时代的信息海洋中，用户的搜索思维正在发生从"人找信息"到"信息找人"的转变。百度总裁李彦宏提出的"不搜即索"已逐渐成为一种可能，人们可以从有限的数据搜索中获得无限的信息，将搜索演化成一种信息流。这种以信息流为核心的发展理念不仅深化了搜索这种简单的行为，同时也为百度建立自己的商业帝国打下了基础。

在百度推出的大数据搜索引擎中，"百度大脑"是以AI为核心技术的搜索引擎，负责着AI板块中深度学习技术、语音识别、自然语言处理、智能驾驶等多个人工智能核心领域。百度的AI技术发展，依然延续着以技术为重的发展思路，投入了大量技术人才以取得算法突破和计算架构的升级。当今时代的AI发展是先进技术与应用场景的结合，如何将技术落地，实现最大的数据价值，则是百度仍在摸索的方向。在2020年的新冠肺炎疫情中，百度将AI技术应用在了公共卫生领域中，建立了AI测温系统。同时，百度与中国疾控中心病毒病所签署战略合作协议，双方联合设立"CDC应急技术中心－百度基因测序工作站"，百度为工作站提供一整套最先进的基因测序设备，并基于AI、大数据能力，推动线性二级结构预测算法LinearFold、mRNA疫苗二级结构设计算法LinearDesign，以及CoV-Seq新冠病毒分析溯源可视化平台等前沿技术的应用，以长期支持公共卫生相关科学研究。这次合作将大数据和AI技术在医疗科研领域的应用价值释放了出来，由此可见，AI技术的落地，推动着公共事业的发展，这也是百度的一次成功尝试。

四、用户的百度

百度作为搜索引擎，在建立之初并不生产专业内容，而是提供搜索数据。但作为一家嗅觉敏锐的网络公司，百度在成立初期，就依托其庞大的搜索平台，建立起了细分的网络用户社区，让用户能够在多元平台上生产原创内容，这也就是网络时代的UGC（User Generated Content，用户生成内容）。UGC是Web 2.0时代用户使用互联网的一种新型方式。网络用户不再像互联网发展初期时那样，只是简单浏览或下载网络内容。在今天的互联网世界中，随着网络交互性的大大提高，每一位用户都能够在网络上创造属于自己的内容并展现给其他用户。这种极具个性化的内容生产大大丰富了网络的内容。同时对人类知识的传播与积累起到了非常大的积极作用。UGC最大的特点即个性化，这也是百度搜索能与其相结合的原因。搜索引擎的发展趋势是越来越细分的垂直化发展，这种细分搜索自然将用户分流至其感兴趣的网页。百度搜索引擎的优势正是了解用户最感兴趣的是什么，因而在此基础上，百度推出了社区类的UGC平台"百度贴吧"和知识类的UGC平台"百度百科"及"百度知道"。这种建立平台让用户生产内容的模式成了百度继搜索引擎后另一重要发展方向。

（一）百度贴吧

百度贴吧是目前全球最大的中文社区，作为百度独创的在线交流平台，依托百度搜索引擎的庞大用户，精准地把对同一话题感兴趣的人聚集在一起。2003年12月，在经历了一个月的在线试用后，百度贴吧正式诞生。贴吧是典型的UGC网络传播模式，注册用户一度高达15亿，发帖总数更是高达35亿[①]。贴吧的兴盛，顺应了互联网进入Web 2.0时代后网民对交流平台的需求，同时期粉丝文化的兴起，也加速了贴吧的发展。2005年5月30日，第一个"超级女声"吧创立，贴吧与当时全民狂欢的粉丝文化相结合，迅速在网络交互社区中占领了一席之地。

首先，从传播模式来看，贴吧是一种典型的网络社区传播模式。在具体使用方面，贴吧用户首先需要有一个关注的主题，然后进入贴吧界面，搜索相关关键词。若基于关键词的贴吧不存在，则用户可以自行创建一个贴吧，在该贴吧中发布相关的帖子，从而成为贴吧的传播者；若基于该关键词的贴吧已经存在，则用户直接进入贴吧，通过阅读帖子成为贴吧的受众，同样也可以通过发布帖子成为传播者。这种新型的传播方式，不再像传统传播那样需要人工管理和组织，其与搜索引擎密切相关，是基于关键词的主题交流社区。[②] 在贴吧，信息的交流没有固定的路线和方向，完全由用户自身来决定与选择。与其他社交平台不同的是，贴吧没有微博等平台中出现的少数意见领袖掌握话语权的情况，用户没有地位的差别，人人都有话语权。[③]

[①] "百度贴吧"词条，百度百科，http://baike.baidu.com/item/贴吧/122101?fr=aladdin。

[②] 韩晶：《百度贴吧与网络自由表达》，《青年记者》，2008年第32期，第80页。

[③] 王玮：《百度贴吧的传播特征、问题及启示》，《新媒体与社会》，2015年第2期，第285页。

其次,贴吧的内容生产与新浪、搜狐等门户网站不同,其主题与目录完全由用户决定。传统门户网站的讨论区主题通常由网站管理者设定,如体育、娱乐、明星、科技等。而在贴吧,所有主题社区完全由用户建立,其门类与关键词极其多元并带有极强的个性化特征。风靡一时的粉丝文化、cosplay、二次元等小众主题正是在这种个性化主导的环境中找到传播阵地并不断发展的。在这种交流社区中,讨论主题实现了完全细分,用户能够真正找到自己最感兴趣的信息,而百度也通过诸多技术让主题社区的信息交流更快捷高效。

最后,贴吧的传播无须经过传统媒介,而是传播者与受传者直接互动。在此互动中,信息反馈直接、快速、及时、集中,从本质上讲更类似于人际传播而非大众传播。[①] 贴吧可以说是网络时代新型传播模式向传统传播模式发起的挑战。依据传播控制理论,在传统的信息传播中,制作、加工信息的专业人员被称为"把关人",他们选择信息、取舍内容、控制信息的流量和走向,直接影响受众对信息的理解,从而起到控制舆论的作用。但在贴吧的传播模式中,"把关人"这一角色不再能够发挥作用。信息直接在用户之间流动,每一个网民都可以匿名发帖并与他人进行互动,在海量的信息传播中,"把关人"无法控制信息的内容与流向,只能简单地依靠贴吧管理人员进行基本的监督与管理。因而在贴吧时代,传统的"把关人"开始向用户"自把关"过渡,这要求用户有更高的媒介素养,能够自觉地遵守公民道德和法律。

---

① 邵培仁:《传播学》,高等教育出版社2000年版,第34页。

综上所述，贴吧传播是一种网络社区化的人际传播，从内容生产到信息交流都完全取决于网络用户本人，这种平等的传播模式具有极强的交互性，更符合 Web 2.0 时代以人为本的基本精神。百度在搜索引擎平台上建立起属于自己的 UGC 平台，极大地丰富了百度网络产品线，使得百度不再只是搜索信息的工具，而成为更具用户凝聚力的网络平台。

（二）百度百科与百度知道

百度旗下的另外两个 UGC 重要平台是百度百科与百度知道，两者皆属于网络时代新型的知识生产。百度百科与百度知道依然秉承了百度坚持的 UGC 理念，让网民自主参与知识的生产与传播。二者与百度贴吧的不同之处在于用户身份的改变。百度贴吧是一种普通用户生产内容的传播模式，而百度百科与百度知道要求参与用户有更专业的学识与资质，在专业领域拥有一定的知识背景与工作经历，即所谓的 PGC（Professionally Generated Content，专业生产内容）。百度百科与百度知道的上线，标志着百度开始向更专业细分的用户平台转型，其信息搜索开始覆盖专业知识领域。

百度百科是一种线上百科全书平台，截至 2016 年，百度百科已经收录了超过 1300 多万的词条，参与词条编辑的网友超过 580 万。在互联网时代，获取知识的成本大大降低，人们不再仅仅通过书本或者老师传授来获得专业知识。在网络世界中，只需简单搜索，相关专业知识便能快速呈现在用户眼前。这种新型的知识传播，打破了传统的教育方式中空间与时间的限制，用户能够在任何地点与时间，在互联网海量的知识中尽情遨游。百度百科这样的知识搜索系统,能让网民在第一时间免费获取知识,这种方式是极其便捷、高效的。可以说,线上知识搜索使人"全面开智",它节省了用户的时间成本、金钱成本与记忆成本,让人们从认知黑箱到科学文明的过程中发展得越来越快。而百度百科人人可以编辑的模式,可以说是一种"全民集智"。在百度百科的词条中,不同专业人士的编辑将碎片化的知识重新整合在一起,建立起学科之间的关联与互动,这种来自用户并服务于用户的知识体系,已经成为一种重要的知识获取方式。

但与普通的 UGC 不同,鉴于知识的严肃性与权威性,百度对编辑百度百科的用户实行了考察与管控。百度百科将词条进行了划分,第一类是锁定词条,指一些具有争议性的词条和医学类词条,该类词条禁止任何用户参与编辑;第二类是保护词条,这类词条要求高等级用户才能参与编辑;第三类词条是普通词条,任何用户可以参与创造与编辑。在编辑体系中,百度百科实行用户积分制,只有达到一定积分的用户,才能参与部分词条的创造与编辑。积分取决于用户的经验值与财富值。用户通过创建、修改、完善百度词条积累经验值,而财富值则取决于用户参与编辑词条质量的优劣。

在以上架构下,百度百科建立起了一个较为完善的知识搜索系统,但其中依然存在着诸多问题,监管不善导致错误知识信息出现,将会影响人们对事物的认知。这要求百度投入更大的人力来检查其海量知识信息的准确性。

百度知道是一个基于搜索的互动式知识问答分享平台,于 2005 年上线发布。在百度知道中,用户根据自身情况提出具有针对性的问题,通过积分奖励机制发动其他用户解答该问题。同时，这些问题的答案又会作为搜索结果，出现在其他用户的类似搜索中，从而达到知识分享的目的。百度知道与百度旗下所有产品一样，依托百度搜索引擎，将用户所拥有的隐性知识转化为显性知识，用户既是百度知道的内容创造者，同时也是使用者。与百度百科不同，百度知道将搜索引擎社区化，其性质与百度贴吧类似，是精确细分后的知识搜索系统。搜索引擎本是一种完全技术化的单一工具，但百度知道使用户不再是信息搜索者，也能通过问答成为信息的创造者。

相较于百度百科这样的知识平台，百度知道更突显用户之间的互动。知识的传播方式不再是编辑、上传与浏览，而是用户之间的直接问答，一个提问往往有多个回答，提问者与答题者还能在问答界面进行交流与讨论。这种互动性知识社区，在百度百科的基础上更加细分了用户需求，而提问与回答的形式对专业性要求更低，真正实现了"全面集智"。但百度知道中知识的专业性不再有一个权威的标准，这要求提问者具有较高的辨识能力，才能在碎片化的回答中提炼出所需的知识。

百度贴吧、百度百科与百度知道，是百度 UGC 平台的核心，三者都建立在强大的百度搜索引擎系统之上，完善了冰冷的技术流引擎系统。作为搜索引擎的百度，是单一的，并不具有互联网时代注重交流互动的特征，而引擎系统本身也无法生产任何吸引用户的内容。百度贴吧、百度百科和百度知道的出现，使得百度真正实现了互联网化的发展，建立起了用户自由交流的诸多社区平台，这种完善也反过来推动了百度搜索引擎本身的发展。

五、网络"把关人":谁在负责议程设置

在传播学中,媒介作为传播信息的载体,大致有两种含义:第一,它是指信息传递的载体、渠道、中介物、工具或技术手段;第二,它是指从事信息的采集、加工制作和传播的社会组织,即媒介机构。①百度搜索引擎是一种信息检索工具,它作为信息传递的重要渠道,符合上述媒介的第一种含义,因而具有媒介属性。同时,作为公司存在的百度,则符合上述媒介的第二层含义。可以看出,百度是互联网世界中具有极强的媒介属性的新形态。

从使用综合搜索引擎检索的结果来分析,用户使用 PC 端检索新闻的比例为 60.8%,使用手机端检索新闻的比例为 58.3%,这两种互联网接入方式中,用户检索新闻的比例都高居首位。由此可见,获取新闻信息依然是网民搜索的主要目的,搜索引擎已然成为一种新闻与信息的重要传播渠道与传播方式,搜索引擎的媒介属性越发突出。作为中国最大搜索引擎的百度,在新闻信息传播中扮演着重要的角色。

(一)百度的"把关"价值

"把关人"概念最早由美国社会心理学库尔特·卢因提出,其在著作《群体生活的渠道》指出,在群体传播中存在一些把关

---

① 〔英〕戴维·冈特利特主编:《网络研究:数字化时代媒介研究的重新定向》,彭兰等译,新华出版社 2004 年版,第 17 页。

人,只有符合群体规范或者把关人价值标准的信息才能进入传播的渠道。传播学者怀特将"把关人"概念引入新闻传播学领域,认为大众传媒的新闻报道也存在这样的取舍过程。在互联网时代,人们要获取新闻,通常先通过搜索引擎进行检索,然后链接至门户网站。门户网站是一个大型应用框架系统,它将各种应用系统、数据资源和互联网资源集成到一个信息管理平台之上,并以统一的用户界面呈现给用户。形象地说,门户网站就像是新闻信息的居所,而搜索引擎则是其居所的"把关人"。与传统媒体不同,搜索引擎不生产内容,其把关行为并非在采集信息时发生,而是一种类似于编辑的"二次把关"。①

作为传播媒介的百度在传播过程中实际上扮演着"把关人"的重要角色,但百度选择用市场化的方式将这一作用淡化。如前文所提,百度采用竞价排名的方式决定信息在其搜索界面的排序,这就意味着百度的"把关"标准在极大程度上加入了商业成分。综合来看,一则新闻在百度搜索引擎中的排序依据有三类标准:一为客观的技术标准,即其引擎算法;二为人为标准,即法律法规;三是竞价排名。从本身独立于人主观意志的技术算法到带有商业特征的竞价排名,中间又包含人类社会的法律法规,这种复杂的排序模式意味着百度已经充分意识到了其"把关人"的作用并将其转换为商业化操作,以实现利益最大化。但同时,对"把关人"角色的理解也成为百度备受争议的一点。传统"把关人"对新闻信息的把控是为了实现舆论监督与引导,而百度放弃

---

① 楼建坤、陈泽玺、国秋华:《搜索引擎的"把关"特征与危机》,《新媒体研究》,2017年第3期,第30页。

了这种理性的舆论把控,将"把关"行为市场化,百度搜索对信息的分流与引导,极大程度上取决于新闻的商业价值,这就意味着从前传统模式的舆论引导近乎失效,而新的舆论控制权将被更具有商业竞争力的新闻生产者控制。

(二) 网络时代的议程设置

"议程设置"(agenda-setting),是大众传播理论中的重要假设,由科恩首次提出,他认为媒介即便不能决定让读者怎样想(how to think),也能影响读者想什么(what to think)。麦克斯维尔·麦库姆斯和唐纳德·肖在此后的一系列研究中证实了科恩的猜想。大众媒介一旦加大对某些问题的报道量,或突出报道某些问题,就会影响受众认为这些问题更重要。

在传统媒体时代,议程设置效果是较为明显的。而在互联网时代,受众可以自主决定议论什么、关注什么。在这样的背景下,许多人相信议程设置这一传播功能会悄然隐退,而受众可以在信息的世界中自由选择自己感兴趣的信息。但实际情况却并非如此。尽管传统媒介纷纷转型为新媒体,新闻的生产与传播已经全面互联网化,但信息爆炸同样带来困扰,"对于广大受众来说,他们只不过是被控制的客体,处于传播过程中的末端,面对丰富的信息资源只能被动地选择接受"[1]。新闻生产成本降低,新闻传播高效快捷,使得网络世界中充满了各式各样的新闻,人们不得不求助于搜索引擎来获取自己感兴趣的内容。这种现象让传统

---

[1] 靖鸣、臧诚:《微博对把关人理论的解构及其对大众传播的影响》,《新闻与传播研究》,2013 年第 2 期,第 56 页。

新闻媒介的议程设置权大大减弱。传统媒体时代,新闻从业者可以保证信息通过固定渠道有效传播至受众,传播效果可以得到保证,但在互联网时代,新闻信息不再能保证有效传达至受众,于是在传播者与受众之间就多出了搜索引擎这样的新型"把关人",而其把控的实则是新闻传播的新型渠道。

在互联网时代,媒介的议程设置权归属开始成为一个问题。2008年11月15日与16日,中央电视台《新闻30分》连续两天讨论百度竞价排名的合理性,并曝光了竞价排名带来的虚假信息等一系列问题。报道指出百度的竞价排名提供虚假医疗信息,损害患者权益,并存在大量诈骗信息,对此百度理应承担责任。同时,报道指出百度的竞价排名模式有违市场公平,是一种"敲诈式营销"。节目播出后,百度股价大跌,并遭到了来自媒体、客户和投资人的巨大压力。随后百度做出整改并推出了新的营销系统"凤巢"以代替竞价排名系统。2009年央视新闻频道又报道了百度搜索引擎中色情信息泛滥的现象。2010年,央视再次报道了其竞价排名模式下大量虚假医疗信息的问题。百度虽然进行了一系列的整改,但依然没有放弃其坚守的竞价排名模式。

央视的报道被许多人视为传统媒体与新媒体对议程设置权归属的一次正面交锋。作为权威媒体的央视,其发布的新闻信息在百度搜索引擎中并不具有优势,而全然市场化的百度并不能正确地引导舆论。在市场经济高速发展的时期,百度作为一个市场主体必然选择利益最大化,但作为在中国占垄断地位的搜索引擎,百度应该肩负起更重要的责任与义务。

六、"中国版谷歌"与"魏则西"事件

百度与谷歌在中国市场的竞争可谓互联网行业的经典话题。谷歌作为世界最大的搜索引擎,与百度几乎同时进入中国市场,并在与百度展开了10年的竞争后,于2010年宣布全面退出中国内地市场。尽管百度、谷歌之争最终以百度的阶段性胜利告终,但两个世界级的网络科技公司仍然无法避免相互比较。谷歌与百度不同的商业模式决定了其在发展中遇到的问题不同。百度坚持的竞价排名模式,面临着诚信与虚假信息等诸多问题,并因此在2016年引发了"魏则西"事件,使百度陷入成立以来最大的危机。作为"中国的谷歌",百度因过度商业化而陷入困境。

(一)百度与谷歌

作为世界上最大的两家搜索引擎公司,百度与谷歌总是被人们比较。这两家公司几乎在同一时期成立,有着极其相似的发展历程。而在搜索引擎发展之外,二者在各自发展理念的引导下,也在互联网的许多其他领域有着开创性的发展。今天的谷歌,是一家引导世界互联网科技发展的巨头公司,而百度则稳坐中国搜索引擎市场的第一把交椅。可以说两者有着诸多相似之处,且始终处于竞争之中,而坚持技术本位的谷歌和越发商业化的百度,也最终走向了截然不同的发展方向。

1. 谷歌发展历史

谷歌公司成立于1998年9月,由斯坦福大学两名博士生拉

里·佩奇和谢尔盖·布林创立。在 2000 年，雅虎正式宣布以谷歌搜索技术取代原先采用的 Inktomi 技术，这可以说是谷歌成功的起点。谷歌与百度发展历程极其相似，同样是由掌握先进技术的专业人才创立，并在初期通过为大型门户网站提供搜索技术支持而站稳脚跟。

同在 2000 年，谷歌推出了自己的商业模式 AdWords，企业可以购买广告和搜索词，该商业模式的确立为谷歌带来了稳定的收入。2004 年，谷歌于纳斯达克挂牌上市。上市之后，谷歌先后推出了安卓移动互联操作系统、地图业务和可穿戴设备等，都获得了极大的成功。作为全球最大的搜索引擎，谷歌拥有稳定、成熟的技术支撑，同时其企业文化开放而独特，在硅谷独树一帜，具有明显的品牌优势。百度于 2009 年推出自己的搜索引擎时，几乎照搬了谷歌所有的风格与特点，因而有了"中国版谷歌"的称号。

谷歌在发展初期就已经感受到了中国搜索引擎市场的巨大潜力，并于 2000 年开发了其主网站的中文界面。谷歌自 2000 年进入中文市场以来，因为对汉语特点和中国网民上网习惯的陌生，而没有能够在中国市场发挥出多大的优势。在随后的 2004 年，谷歌公司推出了新闻简体中文版，并在 2006 年以中文名"谷歌"全面进入中国。当时的中国搜索市场，百度开始占据绝对领先份额，谷歌的到来，宣告这两家大型的搜索引擎公司在中国市场开始进行正面角逐。

谷歌初到中国时，凭借着领先的技术与好口碑，占领了一定的市场份额，但本土化进程仍然推动缓慢，使其在与百度的竞争中处于劣势。2006 年 9 月 13 日，中国互联网信息中心

(CNNIC)发布的《2006年中国搜索引擎市场调查报告》显示，62.1%的中国用户优先选择百度为其提供搜索服务，而谷歌的首选率仅为25.3%。艾瑞咨询同年发布的《搜索引擎用户使用页面搜索引擎的月度访问次数》数据表明，2006年12月，百度的月度访问次数高达66.3%，而谷歌仅有18.1%。由此可见，谷歌进入中国市场初期就落后于百度搜索。在汉化与本土化的艰难推进中，谷歌付出了巨大的努力，其市场份额由2006年的16.1%到2008年的27.3%，2009年的31.0%，可以说在缓慢地成长为可以与百度在中文搜索市场分庭抗礼的对手。但由于谷歌在中国市场的本土化推进始终落后于同期市场发展，而过高的开发成本并没有带来相应的收益，最终谷歌于2010年退出中国内地市场并转至香港。谷歌在中国市场发展的4年，让百度第一次面对有着雄厚实力的对手，尽管在中国市场中谷歌并不曾取得过优势，但依然给百度带来了诸多挑战。

2. 百度与谷歌，从搜索技术到搜索领域

从搜索引擎技术总体而言，百度和谷歌都是利用spider系统在互联网上抓取网页，进行分词处理和超链接分析，然后按照自定算法排序，展现搜索结果。在网页搜索方面，百度和谷歌并没有大的技术差异，技术背景实力相当。二者具体的网页搜索服务对比如表3-2所示。

表 3-2　百度与谷歌的搜索引擎对比

网页搜索服务	谷歌	百度
网页数量	在全球拥有 80 多亿网页，其中中文网页约为 4 亿	6 亿多简体中文网页，较少繁体与英文网页
搜索反应速度	亚秒级	亚秒级
信息更新速度	信息更新速度很快，实效性很强	竞价排名服务影响了搜索的准确性和时效性，更新速度较慢
相关性搜索	不提供很多相关词联想，实用性欠佳	自动积累网民搜索用词数量，并可以提供相关词的关联度表
特色搜索	提供如计算器、股票查询、天气查询、中英文字典等服务	提供和谷歌一样的服务，并优化了操作系统，加入了航班、列车查询
中文分词处理	功能一般，不能很好区分中文人名与特殊词汇	符合汉语特点，功能强大
分类搜索	准确性一般	搜索结果中附带有文件大小和速度标识，准确率高
不良信息过滤	一般性过滤	较强过滤
搜索结果感受	保持了和谷歌其他语言网页的一致风格，简洁直接，但缺乏中文特色，搜索结果数量较少	整体风格与谷歌雷同，操作系统更具中文特色，搜索结果数量较多

综合来看，与百度不同的是，谷歌尽管早已上线了中文搜索，但质量一直欠佳。对谷歌而言，缺乏对汉语和中国用户习惯的了解一直是其在本土化中面临的最大技术问题。谷歌中文搜索在 2000 年上线时，就曾因此而出现一个严重的技术问题：无法准确分词。分词可以说是决定搜索质量的关键因素，只有准确分词，才能实现更高效的搜索。例如当用户输入"手机"二字进行搜索时，页面左侧应出现关于"手机"的搜索结果，而页面右侧应出现手机产品广告，但因分词的错误，系统将"手机"拆分为

"手"和"机"两个字,使得搜索结果和广告呈现出关于"手"和"机器"相关内容,导致搜索失效。这方面,发源于中国的百度搜索引擎显然更具竞争力。与谷歌开发多语言搜索引擎系统的方向不同,百度在发展的前期和中期可以说是只重视中文简体搜索,其提供的中文搜索服务更加全面、更加优化。

在细分搜索领域的发展中,谷歌一直坚持技术路线,以专精的技术推出了地图业务、移动互联操作系统等;而百度则是通过细分用户群体的兴趣目标,不断在搜索引擎系统之中建立垂直搜索引擎系统,如音乐搜索、知识搜索等。百度的这种重视用户搜索目标的发展方向更符合中国网民的搜索习惯,这也是百度能够迅速占领市场的原因。以百度音乐搜索服务为例,音乐搜索服务是一种专业的音乐搜索平台,提供包括各种音频文件、flash 和歌词在内的互联网探索服务。百度音乐搜索是原创搜索系统,它正好迎合了中国内地市场流行音乐文化发展和粉丝文化发展的潮流,一经上线就获得了巨大的关注。

近年来,两家公司发展领域的不同越发明显。百度依然依托搜索引擎的巨大流量,开始将移动互联服务发展至生活领域,推出了百度外卖、百度电影等新型业务。与此同时,谷歌坚守对互联网科技的本位追求,推出了谷歌 Glass 这样的可穿戴设备,并开始重点研发无人驾驶车辆。可以看出,这两家起点相同、背景相同的搜索引擎公司,已经开始走上截然不同的发展道路,就如网民所调侃一般:"谷歌做科技,百度做外卖。"

企业发展方向与其发展理念息息相关。百度与谷歌选择了不同的商业模式,就已经决定了它们今后不同的道路。

3. 商业的百度与谷歌

据艾瑞咨询的数据，2011 年，即谷歌宣布退出中国内地市场的一年后，百度占中国搜索引擎市场营收份额的 76.1%，而谷歌营收虽持续下降，却仍占 19.8% 的份额，远超其余搜索引擎。①

搜索引擎公司在初创时，都是靠提供搜索技术盈利，即搜索引擎公司为当时的互联网主流门户网站、企业和政府机构提供搜索技术，并获取技术服务费。百度最初为中国三大门户网站提供搜索技术，谷歌同样是靠为雅虎提供技术支持起家。这时的搜索引擎公司仅仅是搜索技术提供商，被看作门户网站的下线附属行业。（图 3—4）

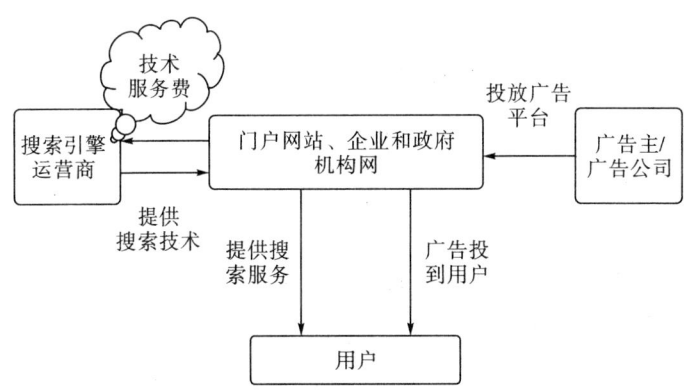

图 3—4 初创期的百度搜索引擎商业模式

---

① 《2011 年中国搜索引擎市场规模达 187.8 亿元》，艾瑞咨询，2012 年 3 月 12 日，http://search.iresearch.cn/14/20120113/161449.shtml。

百度成立初期，主要为硅谷动力、新浪等门户网站提供搜索技术服务并收取技术服务费，这时的百度与门户网站不同，它不需要通过内容生产和拉拢投资来实现盈利，依靠的主要还是自身领先的搜索技术。这种商业模式为早期百度与谷歌的发展带来了重要的原始积累，但其弊端在于搜索引擎企业难以直接接触用户，无法详细了解用户体验。这样的局面，一方面让百度无法通过用户反馈来完善技术、提升用户体验，另一方面也限制了企业的商业利润和发展规模。与百度相似，谷歌在发展初期的盈利依然来自提供搜索技术服务。谷歌将搜索技术使用权出让给雅虎、网易等大型门户网站以及思科、宝洁、美国能源部等大型企业和政府机构，按照搜索的次数收取相应的技术服务费。依靠搜索技术授权的商业模式使搜索引擎公司相当依赖主流门户网站，容易受到互联网经济大势的影响，且规模营收有限，难以长久发展。此时的搜索引擎公司面临的最大问题便是如何找到独立的盈利渠道。

在这之后，谷歌与百度都上线了独立的搜索引擎，从为门户网站提供搜索技术转向独立为用户提供搜索服务，其中增加了在自身搜索引擎内植入广告的营销收入。在这一模式中，搜索引擎运营商占据了绝对主导的位置，成为直接面对用户的互联网工具。一方面，搜索运营商直接为用户提供搜索服务，同时也通过为合作网站和联盟网站提供搜索技术支持来间接为用户提供服务；另一方面，在搜索引擎这个平台可以将企业的广告直接传递到用户眼前，真正架起了连接企业与用户的桥梁。（图 3-5）

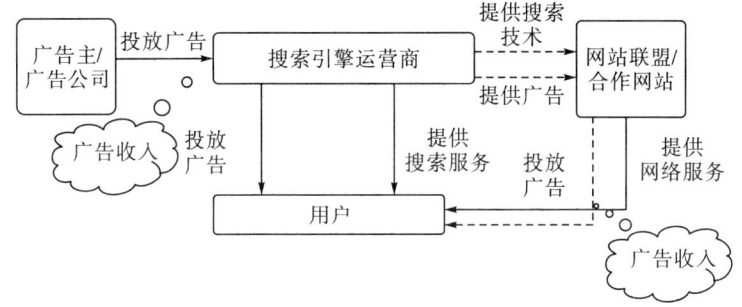

图 3-5 独立的搜索引擎商业模式

在百度与谷歌相继推出独立的搜索引擎系统后,广告收入成为其重要的收入来源,这其中,关键词广告又是增长最快的广告模式。关键词广告是依据搜索引擎特点而产生的一种广告模式,其基本运行方式是当用户利用某一关键词进行检索时,在检索结果展示页面会出现与该关键词相关的广告内容。关键词广告具有极强的针对性,能精准地将广告投放至企业目标客户,其传播效果比普通网络营销更优,成为各大搜索引擎公司的首选。

百度与谷歌在关键词广告模式的运营上则有所不同。百度的广告出现在左侧检索结果的上方,与用户检索结果在同一区域;谷歌则将广告放置在检索结果页面右侧,区别于用户检索结果。百度采用竞价排名系统,谷歌采用 AdWords 系统,两者最大的区别就是广告是否影响用户体验。竞价排名系统将广告与检索信息混在一起,淡化了其本身营销的特点,能让用户更自然地接受广告,但也使许多用户难以区分广告与自然检索信息。百度竞价排名机制是"价高者得",这使得大量虚假广告充斥其中,并最终极大影响了用户的搜索体验和搜索结果的可信度。

反观谷歌,同样是采取关键词广告的竞价机制,却有截然不

119

同的用户体验。2002年2月,谷歌发布了其主要的广告营销系统AdWords,提供竞价机制和点击付费机制,综合考虑广告商的付费额度和点击率以决定广告排名。这一模式鼓励了广告内容质量更高的商家,与单一的"价高者得"差别很大。在谷歌的竞价机制中,广告的呈现并不干扰用户的自然检索,与用户所需检索结果完全分开。这种商业模式,使谷歌避开了像百度将要面临的商业道德困境,带来了更好的用户体验。

百度在中国首创的竞价排名商业模式与搜索引擎天然特征的结合带来巨大的商业回报,从而使百度的企业规模不断扩大。但这种过分商业化的行为和随之而来的负面问题,也迫使其不断妥协。2006年9月,为了改善竞价排名对用户的负面影响,百度宣布全面推出智能排名,即不再以竞价高低作为排名的唯一依据,而是综合考虑关键词质量及竞价的影响,以"综合排名"指数作为排名标准。而2008年11月央视在《新闻30分》节目中对百度的质疑,再次表明百度的竞价排名机制依然存在影响用户体验,甚至欺骗用户的巨大问题。同年12月,百度推出了取代原始竞价排名系统的专业版营销平台"凤巢"系统,试图改变竞价排名给百度带来的危机。百度用另一种复杂的机制来优化竞价排名,将广告在搜索结果页面顶部与底部显示,广告与自然检索结果颜色不同,并在广告右上角显示"推广链接"。但"凤巢"本质与竞价排名并无区别,并没有能从根源上修正竞价排名的弊端,其根源在于竞价排名带来的巨大利润使百度无法割舍。尽管百度一直试图完善竞价机制,引入多方因素,平衡用户体验与商业利益,但时至今日,价格的高低依然决定着广告在百度检索结果中的排名。这也暴露出百度在管理中的问题,尽管高层一直在发声要优化竞价排名机制，但在各地的百度网络营销部门中，销售人员依然坚持以价格为主导的营销方式，这种混乱的企业价值观最终使百度在竞价排名的泥潭中越陷越深。

（二）"魏则西"事件

2016年4月，一位名叫魏则西的年轻男子患滑膜肉瘤病情恶化去世。离世前，他将自己的求医经历分享在了知乎网上，揭露出百度医疗竞价排名系统的巨大漏洞，同时也将一些完全市场化的民营医院的各种违法违规乱象暴露在人们眼前。2014年，年仅20岁的魏则西被查出得了滑膜肉瘤，这是一种恶性软组织肿瘤，目前尚没有有效的治疗手段。随后，魏则西开始了漫长的求医过程，其中，魏则西通过百度搜索引擎查询治疗方法时，看到了位于搜索结果排名第一位的北京武警第二医院，该医院宣称对滑膜肉瘤采取"生物免疫疗法"，是一种来自斯坦福大学的先进技术。抱着对百度搜索的信任，魏则西来到北京武警第二医院，其主治医生明确告知这种疗法能治好这种病。随后，魏则西在该医院进行了4次治疗，病情并没有好转。在治疗过程中，魏则西通过网络信息多方打探，才发现这种疗法在美国早已被证实无效。他将这段求医经历详细分享在了知乎网上，表达了对百度搜索引擎和医院的欺骗行为的巨大失望。不久之后，魏则西病逝。魏则西的悲剧，是过度商业化的百度缺乏社会责任所导致的后果。

魏则西的经历，引发了网民们的反思，"魏则西"事件持续发酵，百度企业形象严重受损，其股价暴跌8%，市值缩水近

300亿美元①。国家网络信息管理办公室、国家工商总局、国家卫计委联合成立调查组,对百度提出了三大类、多项整改要求,百度也做出回应并承诺全面整改。这一次看似突如其来的危机将百度积患已久的竞价排名机制问题暴露出来。百度在竞价排名机制遭受质疑长达十年后,再次因此成为众矢之的,而站在十字路口的百度是否能改变竞价排名的商业模式,肩负起作为媒介的搜索引擎的社会责任,也许将决定这个互联网帝国的兴衰。

《中国搜索引擎市场季度监测报告2016年第1季度》数据显示,2016年第1季度中国搜索引擎运营商市场规模为178.2亿元人民币,同比增长16.70%,其中百度占80.07%。②据百度财务报表显示,2015年百度搜索服务收入达到557亿元,相比2014年的437亿元增长了27.46%,付费点击总数增加了34.1%。③由此可见,自谷歌退出中国后,百度在中国搜索引擎市场已处于垄断地位,拥有强大的信息控制能力。在百度的营收中,据摩根士丹利(Morgan Stanley)的研究报告称,去年有五大行业的营销费用对百度总营收贡献了合计超50%的利润,而其中医疗广告超过百度总体广告收入的20%。尽管如此,竞价排名的弊端已暴露无遗,主要可以归纳为4个方面。

第一,竞价带来不正当竞争,破坏市场经济秩序。竞价排名

---

① 《受"魏则西事件"打击,百度股价重挫近8%》,腾讯证券,2016年5月3日,http://stock.qq.com/a/201605031003691.htm.

② 《2016年第1季度中国搜索引擎运营商市场规模为178.2亿元人民币》,易观分析,2016年5月10日,http://www.analysys.cn/view/report/detail.html?columned=22&articled=18670.

③ 《百度调整竞价排名收入影响几何》,搜狐网,2016年5月10日,http://mt.sohu.com/20160510/n448751242.shtml.

以广告商出价高低作为其在搜索引擎中排名先后的主要评断标准，在这种完全市场化的主导规则下，愿意出高价者理所当然能获得更优的宣传位置，这就为不法商家宣传虚假信息的带来了便利。相反，不愿意参与竞价排名的商家在搜索引擎中只能出现在结果展示的尾端，甚至会遭到百度的恶意屏蔽，这导致许多有实力、有资质的优良商家得不到用户的注意与选择。从经济学的角度而言，百度在享有选择信息的权利的同时，并没有肩负起相应的责任。在竞价排名的许多虚假广告中，出现了使用其他商标、其他企业名称或他人姓名作为关键词的不正当竞争行为，违反了我国《商标法》与《反不正当竞争法》中的相关规定，损害了其他经营者的合法权益，破坏了市场经济秩序。

第二，搜索结果的相关性真实度降低，损害用户利益。搜索引擎是一种以用户为导向的网络技术工具，它的功能就是从海量的信息中提取用户所需要的信息资源，并以一定的排序方式呈现给用户。在百度的结果检索界面，网络广告与用户自然检索结果共同呈现在页面右侧，而广告的排序通常优先于自然检索结果。在这种情况下，用户首先看到的其实是广告，而并不是所需要的信息。这种检索结果呈现方式，使得信息的相关度、可信度大大降低，不了解百度运营机制的用户会习惯性地认为越靠前的网站越可信，而最终被误导，自身利益受到侵害。例如，在2011年6月，某女士想网购买机票，便选择了排在百度搜索结果第一位的"去哪儿"网站。当她付过款后，却发现订单消失了，这才明白她点开的是一个诈骗网站，而真正的"去哪儿"网其实排在后面几位。同样，"魏则西"事件暴露出的，正是竞价排名中虚假信息带来的危害。尽管百度一直坚称它只是信息世界的领路人，无法保证搜索引擎系统中信息的真实性。但与普通信息抓取不同的是，在竞价排名中，百度作为网络营销者的角色面向大众，应该对平台发布广告的信息真实性负起监督责任。

第三，侵犯用户的知情权，阻碍了有价值信息的传播。作为中国网民互联网入口的百度，本身应该是一个公平自由的平台，能让网民简单快捷地找到所需信息。然而在商业利益面前，百度所做的，侵犯了网民自然发现所需信息的权利。如前文所言，百度实际上是新媒体时代的网络"把关人"，作为传播媒介，本身应该起到引导舆论的重要作用。百度搜索引擎利用技术掌握了信息的控制权和表达权，滥用这些权利会侵犯公众的知情权。百度搜索引擎背后有着复杂的信息检索排序算法，而带有偏见的算法和排序规则无法保证信息全面、公平地出现在用户面前，反而使一些不实信息出现在首页前端，而未付费却真实的信息沦为弱势，难以抵达受众。这就意味着竞价排名模式既伤害了用户的搜索体验，又伤害了用户的知情权，同时还导致许多非营利的优质信息得不到应有的传播与关注，阻碍了知识的传播和社会的进步。

第四，造成用户对搜索引擎的信任危机，破坏互联网生态系统。在竞价排名模式中，大量虚假宣传、违法信息遍布搜索结果，造成用户对搜索引擎的不信任。"魏则西"事件的持续发酵，网民对百度的围攻，其实体现出的是中国网民对于这种信息检索工具失信的巨大惶恐。百度作为中国数亿网民的首选搜索引擎工具、世界级的互联网公司，其自身形象的崩塌，连带引发了用户对整个互联网的反感与不信任，影响着整个互联网生态系统。百度失去的不仅是公司市值，更是多年来经营的企业形象。如果继续以伤害用户的利益为代价，百度的企业形象会越来越差，也会遭到越来越多用户的淘汰。

结　语

今天的百度，也在积极谋求转型与变革，这首先要求百度作为企业加强自律性，承担起应有的社会责任。争取利润的最大化本无可厚非，但百度不仅是一家商业公司，更是网络"把关人"，是新媒体时代的舆论引导者。过度商业化、市场化的发展方向，使原本追求技术独立、公正自由的搜索引擎变成了一种纯资本的商业运作。根据媒介的社会责任理论，大众传播媒介具有很强的公共性，因而媒介机构必须为社会和公众承担一定的责任和义务，其所传播的信息应当符合真实性、正确性、客观性、公正性等专业标准，媒介必须在现存法律和制度的范围内进行自我约束。作为我国互联网三大巨头之一，百度有义务担起媒介社会责任。

与此同时，网民也要加强媒介素养。媒介素养是"公众接近、分析、评价各种媒介信息，达到沟通交流目的的能力"[①]。网民只有提高自身的媒介素养，才能真正在成千上万的搜索结果面前保持理性并鉴别真伪。网络世界的信息浩瀚无边，很难从技术上去完全保证每条信息的真实性和客观性，这就要求新时代的网民加强自身的媒介素养。用户应了解搜索引擎的基本工作原理

---

① 《央视曝光百度推广链接内幕：虚假网站可轻松过审》，新华网，2011年8月16日，http://news.xinhuanet.com/newmedia/2011-08/16/c_121863255.htm。

与传播的特点及规律,从而掌握正确使用这种信息检索工具的方法。现在的大量网民已经认识到搜索引擎的检索结果并非完全是独立于人的主观意志的技术工具,其中有大量人工干预的痕迹,这就需要用户自身提高参与意识和批判意识,在信息的获取与选择中发挥更强的主观能动性,同时也应多尝试不同的搜索工具,避免垄断带来的负面影响。

  除了要求用户提升媒介素养,还要加强社会对搜索引擎的监督力度。如今,遇到问题就"百度一下"俨然成为人们的一种生活方式,搜索结果的真实性直接影响到用户的利益,因此广大用户有权利监督搜索引擎。在美国,"凡是在搜索引擎上搜索关键词时发现网页付费推广未与自动搜索结果区分或故意混淆付费推广与自然搜索结果的,都可以举报"[①]。我国政府也应当鼓励网民监督竞价排名引发的违法行为,让网民认识到搜索引擎社会责任的缺失会对自身生活产生负面影响,从而营造一个更健康的互联网环境。

---

① 美国联邦贸易委员会:《搜索引擎消费者警示》,见郭小平:《论搜索引擎与网络传播的道德与法律——百度"垄断门"的启示》,《今传媒》,2009年第4期,第15页。

第四章　快手：在这里看见每一种生活

麦克卢汉有一句箴言——"媒介即信息",强调我们应该关注媒介的形式而非内容,因为媒介本身就是一种非常重要的信息。虽然这样的论断招致了"媒介决定论"之类的批评,但在如今媒介技术不断进步的时代却又散发出了无限的活力。媒介所承载的内容往往又是另一种媒介,因此要弄清内容背后的生产逻辑与运行规则,我们必须回归到媒介本身,才可能在纷繁复杂的内容中寻找到规律,而不会陷入表象的漩涡。

快手是北京快手科技有限公司旗下的一款产品,前身为2011年3月诞生的制作、分享GIF图片的手机应用"GIF快手"。经过近十年的发展,快手已经成长为国内首屈一指的短视频社区。正如快手官网的简介所言:"快手是记录和分享大家生活的平台,每天数百万的原创新鲜视频,在这里,发现真实有趣的世界。"那么,快手是如何从一款工具应用成长为拥有完整生态的社区平台的呢?

笔者将从快手发展历程、发展策略、内容生态三个方面来分析快手,并介绍学界的相关研究,从快手的用户群体、生产模式、传播渠道等方面回答快手如何提升内容质量、用户的媒介使用代表是怎样一种文化、快手如何构建内容生态等一系列问题。

一、何为快手：快手发展简史

2011年3月，"GIF快手"诞生，以恶搞、搞笑为主流风格，初期依托微博、人人网等社区作为应用场景，完成了原始的用户积累。此时的GIF快手作为一款工具应用，用户黏性并不强，而工具类应用又很容易被其他应用替代，变现挑战很大，等到达一定体量，用户的认知很难扭转。2012年11月，GIF快手宣布开始从纯粹的工具应用转型为短视频社区，成为用户记录和分享生活的平台。转型后的GIF快手上的短视频以美女自拍、宠物和儿童摄影为主要内容，上线了"发现""同城""关注"等功能，增强了产品的社区属性。

2013年，精通算法的宿华加入了快手团队，并于2014年春正式将算法应用到了快手的运营中，快手用户体验显著提升，下载量和活跃用户快速增加。此外，快手也积极建设自己的内容生态系统，在"扶贫""教育""音乐""体育"等领域探索"短视频+"的新模式。自此，快手走上了发展的快车道，从"乡村小镇"走向了"二三四线城市"，从北方走向了南方，直至变成如今的全民级应用。

资本市场也一直看好快手的发展前景。2012年以来，快手先后获得了5轮投资，其中不乏百度、腾讯等互联网巨头。腾讯董事会主席兼首席执行官马化腾曾表示："快手专注于服务普通人日常生活的记录和分享,拉近了人与人之间的距离,是中国移动互联网一款非常贴近用户,有温度、有生命力的产品。"

当然,快手的发展也并非一帆风顺,而是始终伴随着争议。一方面,自诞生伊始,快手就被贴上了"土""俗""尬"等标签,"夸张的配乐加上奇怪的舞蹈,难以进入主流审美的行列"。另一方面,部分用户在快手发布不良内容,以吸引眼球,牟取利益,加之平台审核不严,造成了恶劣的社会影响。比如2018年3月31日,中央电视台《新闻直播间》节目曝光了短视频平台出现大量未成年人怀孕的视频,以未成年生子为噱头吸引流量,国家广播电视总局约谈了快手的负责人,要求快手立即整改。

2019年9月,快手开展打击恶意炒作的专项行动,封禁了一批涉嫌炫富炒作、低俗八卦、严重扰乱社区秩序、有违社会公序良俗的账号,意图营造一个清朗的网络社区。与此同时,作为移动传播中的头部短视频平台,快手积极发挥自身技术强、平台大、用户多的特点和优势,主动与中央和地方媒体开展深度合作,实现了优势互补、合作共赢,扩大了传播力、影响力。[①] 之后,快手成为2020年央视春晚的独家互动合作伙伴,终于走上了全国最大的主流舞台。快手的发展历程见表4-1。

[①] 龙安:《做正能量传播的推手和媒体融合发展的帮手》,《新闻战线》,2019年第23期,第29—30页。

表 4-1 快手发展历程大事件表

年	月/日	事件
2011	3	"GIF 快手"诞生
2012	4	获得晨兴资本 A 轮融资数百万美元
2012	11	GIF 快手宣布开始从纯粹的工具应用转型为短视频社区,成为用户记录和分享生活的平台
2014	11	由于产品转型,"GIF 快手"改名为"快手"
2015	1	快手获得了数千万美元的 B 轮融资,由红杉资本和晨兴资本联合投资
2015	6/15	快手单日上传视频数量突破 260 万条,注册用户突破 1 亿
2016	3	快手完成 C 轮融资,约为 2.5 亿元,由百度领投,红杉资本、晨兴资本等跟投,当时估值达 20 亿美元
2016	4	快手总用户数突破 3 亿
2017	1	快手月活跃用户数突破 1.5 亿,日活跃用户数突破 5000 万
2017	3	快手宣布完成新一轮 3.5 亿美元的融资,由腾讯领投
2017	4/29	快手注册用户超过 5 亿,日活跃用户 6500 万,日均上传短视频数百万条
2017	7	成为《中国新歌声》节目独家战略合作伙伴
2017	11	快手的日活跃用户数超过 1 亿,进入"日活亿级俱乐部",总注册用户数据超过 7 亿,每天产生超过 1000 万条新视频内容
2018	2/11	央视《焦点访谈》播出节目《重拳打击网络乱象》,揭露了网络直播中存在的乱象,其中提到快手平台上未成年人打赏的问题
2018	4/4	国家广电总局会同属地管理部门严肃约谈了快手主要负责人,责令其立即整改
2018	4/5	快手应用在安卓手机各大应用商店下架,之后快手在清明假期间宣布紧急扩充审核员队伍,并清理 5.1 万条问题短视频,封禁 1.1 万余账号
2018	4/18	快手应用首页左上方为"设置",左侧栏增加"家长控制模式"
2018	4	快手宣布完成新一轮 4 亿美元融资,由腾讯领投
2018	6/5	快手全资收购 AcFun

续表4-1

年	月/日	事件
2018	9	快手宣布"5亿元流量计划",在未来3年投入价值5亿元的流量资源,助力500多个国家级贫困县优质特产推广和销售,帮助当地农户脱贫 快手举办首期"幸福乡村说",借由农村短视频网红的特产销售经历,宣传"土味营销学"
2019	5/29	快手日活跃用户超过2亿
	9/25	快手社区官方账号开展打击恶意炒作专项行动,发布处罚公告,封禁39个高粉账号
	10/1	央视新闻联合快手进行"1+6"国庆阅兵多链路直播(自早7点正式启用多链路直播间技术,至12点50分阅兵仪式直播结束,快手直播间总观看人次突破5.13亿,最高同时在线人数突破600万)
	11	快手短视频携手春晚正式签约"品牌强国工程"
	11/23	快手联合QQ音乐、酷狗音乐、酷我音乐和全民K歌,共同发布"音乐燎原计划",五大平台将整合亿万资源,帮助更多音乐人出圈
	11/25	中央广播电视总台与快手在北京举办联合发布会,正式宣布快手成为2020年春节联欢晚会独家互动合作伙伴
	12/15	快手获"2019中国品牌强国盛典"十大年度新锐品牌

那么,快手为何能实现快速成长呢?它的用户群体有哪些特征?它的内容生产机制和传播渠道是什么?与其他短视频平台相比,快手有哪些优势和不足?

二、快手何为:大数据搭建生活社区

谈到快手实现快速成长,大多数从业者与研究者都认为"技术"是其核心驱动力。快手正是凭借着大数据、推荐算法、AR等智能技术的开发与应用,搭建起了一个庞大的短视频平台,并逐步完善商业模式，演化出电商平台的形态。

(一) 技术支撑：搭建短视频平台+电商平台

2014年是快手发展历程中的关键节点，这一年，快手正式将算法应用到平台的架构中，极大地改善了用户体验，自此走上了发展的快车道。利用大数据技术，快手能够更加精准地捕捉用户需求与社会心理，实现尽可能完整的用户画像，为提供用户活跃度与黏性奠定坚实基础。快手的算法推荐机制也不同于抖音等类似的短视频平台，体现出了鲜明的"去中心化"特征。此外，快手还成立了大数据研究院，每年发布一次大数据报告，集中回顾过去一年快手的内容生态，为短视频生产者与行业投资者提供风向标。

快手自上线直播功能以来，不仅催生出了辛巴、散打哥等拥有千万级粉丝的直播达人，也培育出了不少乡村主播，为脱贫攻坚与乡村振兴贡献了自己的力量。作为世界上领先的直播平台，快手目前拥有最多的活跃用户数、每日直播房间数，以及同时在线观众数。这首先是由于快手一直坚持的普惠原则，在分发策略偏向中小主播的侧重，再加上用户间长期积累的信任关系，这些因素使得平台活跃主播数量远远超过其他平台。其次，快手的业务场景是多样性的，包括连麦、PK、聊天室、KTV、游戏直播等，覆盖了目前音视频技术的各个主流细分场景。最后，为了应对多样化的业务场景和复杂的网络环境，保证用户直播的体验，快手对直播系统做了大规模的投入和优化，在架构、自研协议、算法等方面持续迭代。① 这都使得快手的直播拥有强大的用户凝聚力与商业变现能力。在未来，快手还会积极探索"AI+5G"的直播模式，在虚拟形象 3D 直播、多维空间搭建等方面持续深耕。

值得一提的是，快手也开始布局云计算。2020 年 5 月 29 日，快手智能云（乌兰察布）科技有限公司成立，主要从事电信业务经营、互联网文化活动经营、互联网数据服务、计算机软硬件制作、软件和信息技术服务等业务。几天之后，快手又宣布在乌兰察布建立可容纳 30 万台服务器的大数据中心（Internet Data Center，IDC）。这一布局既有利于迎合快手日益增长的业务需求，也有利于减少对云计算提供商的依赖，使得快手在与同类短视频平台的竞争中取得优势。

（二）用户群体：乐于分享的"Z 世代"

"Z 世代"泛指在 1995—2009 年出生的一代人。Z 世代是真正的互联网原住民，技术对他们来说不是一种工具，而是生活的一部分。他们喜欢用社交软件与亲朋好友保持联系，分享自己的生活；常通过网站购物，也通过直播、短视频购买商品；能在全网获取更多资讯和知识，足不出户就能了解外面的世界。②

---

① 郭亮：《快手直播平台演进之路》，腾讯云，2019 年 10 月 31 日，https：//cloud. tencent. com/developer/article/1530671.
② 《"Z 世代"会怎么改变世界?》，红星新闻，2020 年 1 月 3 日，https：//baijiahao. baidu. com/s？id=1655604975624676028&wfr=spider&for=pc.

1. 年龄性别特征

2018年11月发布的《快手用户人群洞察报告》①显示，快手25岁及以下的用户占总用户数的62.5%，26~35岁的用户达到了29.2%；用户的男女比例趋向平衡，与我国内地总人口的男女比例较为一致（图4-1）。可见，年轻化是快手用户的典型年龄特征，他们使用社交应用等媒体平台的能力与兴趣较强。从最初的"GIF快手"诞生时起，年轻人就一直是快手的种子用户，他们伴随着快手一起成长。快手开发的"同城""发现"等功能也主要是为了满足年轻人的社交、娱乐需求。

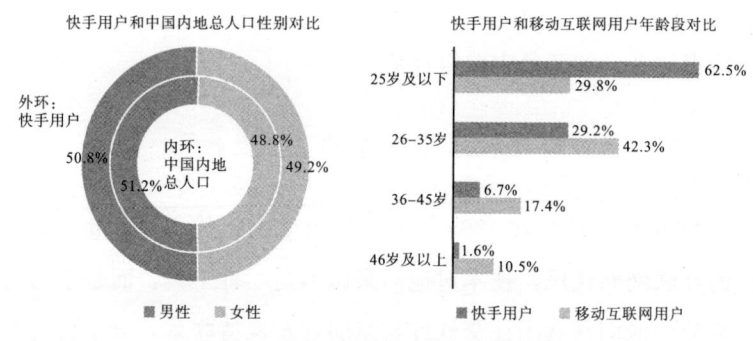

图4-1 快手用户性别、年龄分布

2. 地域分布特征

短视频兴起以来，曾有"南抖音、北快手"的说法，形象地

---

① 《TalkingData：快手用户人群洞察报告》，中国互联网数据资讯网，2018年11月12日，http://www.199it.com/archives/798021.html。相关数据及图片均来自此网页。

说明了两大短视频平台各自的受众市场。快手自创建起，一直与"北方""三、四线"等符号联系在一起，平台内容里也充斥着"老铁""铁子""中不中"等北方方言。但据《快手用户人群洞察报告》，如今的快手正向南方和一、二线城市进军，逐渐完成从北向南、从农村到城市的转变（图4-2）。

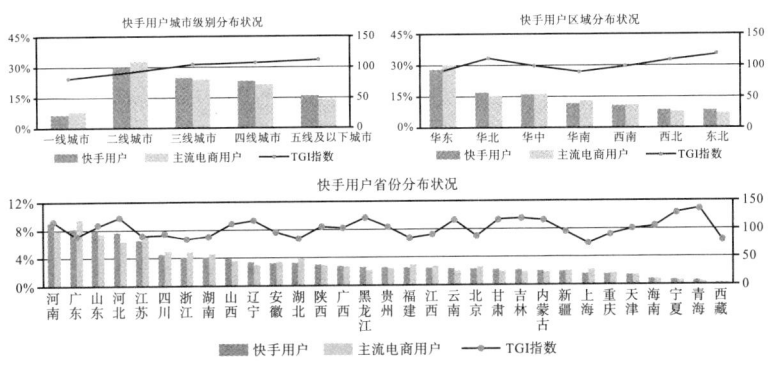

图4-2 快手用户城市级别、地域、省份分布

3. 消费偏好特征

比起高端和奢侈品牌，快手用户更偏爱大众品牌和时尚品牌，餐饮、零售和生活服务等与日常生活相关的商品也更受快手用户青睐（图4-3）。这与其用户的年龄特征和消费能力不无关系，在快手上，我们会看到工厂老板娘在档口批发衣服，农民在农间种地、养鱼、采蜂蜜……在主播的喊麦声中，这些商品常常迅速销售一空。

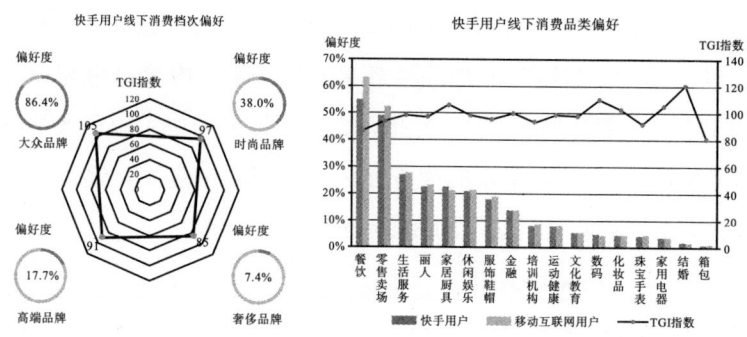

图 4-3 快手用户消费偏好（档次、品类）分布

总之，快手用户年轻化、个性化、热衷社交和消费等特征使得快手平台拥有较强的用户黏性，并且为平台的商业化提供了有利条件。快手科技首席执行官宿华在《被看见的力量——快手是什么》一书中写道："这几年时间，快手社区的氛围或观感、体验已经发生了巨变。我们作为社区的维护者，最大的特点是尽量不去定义它。我们常做的是把规则设计好之后，用户凭借他们自己的聪明才智、自己的想法，以及他们之间的化学反应，去完成社区秩序的演变。"[1] 用户既是消费者，也是生产者，快手的内容生产呈现出用户生产与专业生产相结合的模式。

（三）内容生产模式：UGC+PGC+MCN

内容生产的 UGC（User Generated Content，用户生产内容）模式下，用户将自己原创的内容通过互联网平台进行展示或者提供给其他用户，从原来的用户以下载为主要使用方式变成下

---

[1] 快手研究院：《被看见的力量——快手是什么》，中信出版社 2019 年版，第 2 页。

载和上传并重，国外的维基百科，国内的知乎、豆瓣等都采用典型的 UGC 模式。PGC（Professionally Generated Content，专业生产内容）在制作方面与传统电视节目相似，但在内容的传播层面则按照互联网的传播特性进行调整，视频网站优酷土豆采用 PGC 模式，推出了《万万没想到》《暴走漫画》等爆款内容产品。MCN（Multi-Channel Network，多频道网络）将 PGC 内容联合起来，在资本的有力支持下持续输出内容，从而最终实现商业的稳定变现。国外知名视频网站 YouTube 最早开始探索 MCN 模式，如今 MCN 已成为互联网内容行业不可忽视的生产模式之一。

快手在最初的 GIF 工具时期，基本采取 UGC 生产模式，依靠用户主动上传 GIF 动图获得内容，内容质量参差不齐，平台活跃度难以提升。在向短视频社区转型之后，快手一方面继续加大对 UGC 的扶持力度，刺激用户生产优质内容，另一方面加强与专业内容生产机构合作，通过引进《人民日报》等主流媒体、引导头部主播专业化，来实现 UGC 与 PGC 的结合，保证平台的内容质量。2018 年 7 月，快手启动 MCN 合作计划，培育私域流量①，深耕电商、教育、体育等垂直领域，取得了良好效果。

1. UGC

根据《2019 快手创作者生态报告》②，目前快手原创短视频

---

① "私域流量"概念源于电商行业，以超级节点为中心，拥有粉丝流量转化价值，可以反复利用，随时触达，转化成本低，可实现与用户直接对话，基于人际情感连接完成"信任复现"。
② 《快手 & 秒钟：2019 年快手创作者生态报告》，互联网数据资讯网，2019 年 7 月 24 日，http://www.199it.com/archives/911365.html.

的库存量已经超过了 100 亿条，内容也突破了最初的搞笑、自拍、舞蹈等领域，涵盖了体育、教育、医疗、商业、建筑等众多方面。上亿的用户规模为快手实现"记录世界，记录你"的宣言提供了坚固的支撑，甚至有人称快手已经成为一个"草根江湖"，在这里可以看见最真实的乡土中国。

与抖音的"爆款"逻辑不同，快手更注重算法分发的公平。快手会将头部主播的流量限制在 30% 左右，将 70% 分配给中长尾内容，以创作者为导向，贯彻"公平普惠"的价值观，实现了"头部草根明星、中部垂直创作、尾部视频社交"的内容供给格局。此外，快手更具有包容性，也将带来内容的持续多样性，实现了内容生态的和谐与繁荣。

然而，平台的开放性也使得快手内容呈现质量参差不齐和过度娱乐化的特征。某些用户为了吸引眼球，增长粉丝，故意上传导向不良甚至违法的内容，如"未成年怀孕妈妈""俄罗斯醉酒老人""快手网红乞丐哥"等，严重损害了快手的公共形象。针对这一问题，快手也先后上线了"家长控制模式"与"快手小管家"功能，开展系列专项行动，来加强内容审核，净化网络社区。

2. PGC

首先，快手通过发挥技术和平台优势，推出系列原创短视频产品，取得良好的传播效果。2019 年 9 月底，《人民日报》政治文化部联合快手以快手用户拍摄的影像为素材，策划出品了《我，精彩中国人》，在《人民日报》客户端、人民网首页、微博等广泛传播。国庆期间快手与央视新闻频道共同策划推出内容短片，为祖国送祝福。

其次，快手通过吸引专业媒体进驻的方式来提升内容的专业性。贵州电视台"动静视频"、《新京报》"我们视频"等媒体号，开通不到 3 个月粉丝数就超过 100 万，播放量超过 1000 万。这些媒体号上传的内容贴近群众，实用、好看，指导性强，不仅丰富了快手的内容，也进一步拓展了主流媒体的传播力和影响力。[1]

最后，快手持续孵化优质内容，通过流量扶持等方式引导头部主播进行专业化转型。如快手的"百亿流量扶持计划"，培育了一大批拥有百万甚至千万粉丝的主播，如娃娃和小亮、散打哥、辛巴等。这些主播不仅保证了平台的活跃度，而且在平台内容生态建设中发挥了重要作用。2019 年 6 月 15 日，快手联合千万级"大 V"参与"中国电商扶贫行动"，走进河北省阜平县进行直播带货，一小时的销售额就突破 100 万，为快手探索"内容+社交+电商"的扶贫新模式迈出了坚实一步。[2]

3. MCN

2018 年 7 月，快手上线了"快手 MCN 合作计划"；进入 2019 年，快手开始深化与 MCN 机构的合作，加强优质内容供给。2019 年 6 月，快手专门举办了 MCN 机构创作者闭门交流会；7 月上旬又发起"快成长计划"，拿出上百亿流量补贴，助

---

[1] 龙安：《做正能量传播的推手和媒体融合发展的帮手》，《新闻战线》，2019年第 23 期，第 29—30 页。
[2] 《一小时卖货破上百万 快手今年这场扶贫直播火了》，人民网，2019 年 6 月 16 日，http://it.people.com.cn/n1/2019/0616/c1009-31154572.htm。

力 MCN 机构；7 月 23 日又在"快手光合创作者大会"上提出把"快成长计划"细分为"阶梯流量扶持""共创 IP"和"区域创作者联盟"，宣布拿出百亿流量阶梯扶持 MCN 机构，拿出十亿专项流量扶持十个百万级 IP 账号，并在全国十个重点区域打造创作者联盟，与区域头部 MCN 机构合作落地培训等事宜。①

快手将 MCN 机构分为 S 战略级、A 核心级、B 内容级和 C 入驻级 4 个级别，并以月为单位，依据优质账号数、账号总粉丝量、总发文量、总播放量、总涨粉数和人均视频发布数等 6 个指标进行考核。快手一共为 MCN 机构准备了 14 项权益，不同级别的 MCN 机构获得的权益不同，越高等级的机构可获得权益越多（表 4-2）。对于 MCN 来说，最低等级（C 入驻级）的门槛并不高——拥有 3 个优质账号，每月发文 30 篇，视频 10 个即可成为 C 入驻级机构。从 B 级开始，要求逐级抬高。B 级及以上等级账号 6 项指标全考核，总粉丝量和总播放量上差距逐级拉开。B～S 级的总粉丝量分别要求达到 100 万、300 万、500 万，总播放量分别要求达到 500 万、1000 万、2000 万。②

表 4-2　快手 MCN 等级权益表

权益等级	专属运营指导	MCN机构管理后台	功能权限开通	粉丝头条折扣	话题活动优先通知	月流量扶持六项权益	优质原创保护	专属活动定制	PR行业传播背书	认证讲师合作	线下运营公开课邀约	优质账号快速认证	区域合作计划	对公结算权限
S	√	√	√	√	√	√	√	√	√	√	√	√	√	√
A	√	√	√	√	√	√	√	√	√	√	√	√		
B	√	√	√	√	√	√								
C	√		√	√	√									

---

① 《快手给入驻的 MCN 分了四个等级，"管"的越来越细了》，腾讯网，2019 年 8 月 7 日，https：//new.qq.com/omn/20190807/20190807A0DTK400.html。

② 《快手给入驻的 MCN 分了四个等级，"管"的越来越细了》，腾讯网，2019 年 8 月 7 日，https：//new.qq.com/omn/20190807/20190807A0DTK400.html。

与公域流量的主动权在平台手中不同，私域流量的主动权在生产者手中，与粉丝的强交互、高黏性、信任感，形成了活跃的社区生态和多元的变现路径，越来越多的 MCN 机构开始主动拥抱私域流量。快手大数据研究院发布的《2019 年快手 MCN 发展报告》显示，自 2018 年年底至今，已有超过 600 家机构密集入驻快手，覆盖多数头部机构，涉足 20 余个垂类细分领域，已发布作品 80 余万，总播放量超过 2000 亿。①

（四）传播机制：算法推荐与社交分发相结合

快手平台的内容传播采用算法推荐与社交分发相结合的机制。如今推荐算法技术已经广泛应用于互联网应用中，可以通过捕捉用户需求来提高内容的到达率与点击率。推荐算法包括基于内容、基于协同过滤、基于关联规则等算法技术，快手采取的是几种算法技术组合推荐的方式，覆盖用户的不同需求，以尽可能地提高所推荐的短视频的点击率。社交分发则是通过用户之间的推荐、转发等交往形式来传播内容，快手通过社交分发构建了一个半熟人社区。

1. 算法推荐

快手应用的首页始终只有三个标签："关注""发现"与"同城"（图 4-4）。正如上文提到的，与抖音的"爆款"逻辑不同，快手的算法依据的是"公平普惠"的价值观，主要体现在"发

---

① 《快手 MCN 发展报告发布　总播放量超过 2000 亿》，腾讯网，2019 年 6 月 27 日，https://tech.qq.com/a/20190627/001175.htm。

现"功能上。首页默认标签"发现"依据更能体现内容热度的红心数(表示喜欢的人数)而非播放量来推荐内容,并且通过瀑布流的方式来展示内容,而非传统的排行榜形式;内容顺序也并非按红心数量从高到低排列,所以随机性和时新性很强。"同城"是基于 LBS(Location Based Service)数据向用户匹配附近的人发布的视频,它强调视频创作者与观看者之间的距离,内容的接近性强。

图4-4 快手首页界面

基于"公平普惠"的价值观,快手坚持不提供官方的"大V"认证,这意味着创作者之间的竞争相对公平。同时,快手将70%的流量导向中长尾内容,不仅意味着更多的内容可以呈现给用户,也有利于培育新的头部创作者。此外,比起抖音的一对一推荐,快手以瀑布流的形式呈现内容,无疑也给用户提供了更多元的选择。

2. 社交分发

据相关数据，快手的"关注""发现"与"同城"的分发比例为2∶2∶1，较好兼顾了社交分发与算法推荐。"关注"标签下面提供的是用户已经关注过的创作者的视频，按照时间顺序呈现，提供了一个视频观看者与视频发布者持续交流的窗口。

同时，一些头部主播也发挥了意见领袖的导流作用。快手有一个独特的"互动秒榜"机制——粉丝给主播刷礼物夺得礼物榜单第一名后，主播会呼吁其他粉丝去关注这个人，刷榜第一的粉丝的关注量就可以快速增长。知名主播辛巴刚进入快手时就在几大头部主播的直播间内狂刷礼物，存在感十足，创下了3个月涨粉795万的记录。另外，快手还存在"师徒机制"，头部主播还带着徒弟或者签约主播一起直播，引导粉丝关注他们的账号，实现快速涨粉。在直播带货尤其是电商活动期间，这种"大号带小号"的方式更容易提高销售量。

总之，快手较好地平衡了社交与算法的关系，让后者成为前者的启动器，而前者在一定程度上也弥补了后者的不足。但是，快手并非唯一一个，也不是第一个将社交分发与算法推荐相结合的短视频应用，那么为何它能取得如此巨大的成功呢？笔者认为，这与快手对内容质量的重视不无关系。

（五）技术思辨：互联网平台如何提升内容质量

美国著名学者保罗·莱文森有句名言："一切技术都是刀子的翻版。"技术既让快手等互联网平台走向了繁荣，也让其屡屡陷入"信息茧房""低俗化"等争议中。有的人说平台的野蛮生长和有意放纵造成了内容的良莠不齐;也有人说发布不良内容是个别用户的个人行为,平台不应该为此负责。抛开这些争议,面对负面内容,快手是如何应对的呢?

1. 加强内容审核

快手一直在完善平台的监管机制,加强内容把关,减少不良信息的大规模传播。2017年11月,快手和浙江大学达成合作研究协议,快手为移动应用度身定制全新的"内容管理操作手册",进一步共同完善快手内容管理的伦理规约,帮助内容管理者维护快手社区秩序。2018年4月,快手上线了"家长控制模式"。在此模式下,青少年每天使用快手的时长不超过40分钟,晚上10点至早上6点无法使用快手,无法进行打赏、充值等操作,也不能进行直播。2019年9月25日,快手社区官方账号发布处罚公告,封禁39个高粉账号。自开展专项行动以来,快手累计封禁超过100个高粉账号,其中不乏有六七百万粉丝的知名账号。[1]

2. 传播正能量

传播正能量符合社会核心价值观,有利于塑造良好的社会风尚。一方面,快手利用技术优势,追踪热点话题,建立用户与社会的沟通渠道。比如积极助力电商扶贫,国庆期间开通了国庆专栏,新冠肺炎疫情期间开通了"肺炎防治"专栏等。另一方面,快手通过主动服务中央媒体融合发展,联合开发新媒体产品;提

---

[1] 《快手打击恶意炒作低俗八卦,封禁高粉账号百余个人》,人民网,2019年9月27日,http://media.people.com.cn/GB/n1/2019/0927/c40606-31375642.html.

供大量报道素材,助力主流媒体内容采集与生产;开设媒体号平台,提升主流媒体传播力和引导力,成为传播正能量的推手和媒体融合发展的帮手。[①] 2019年1月,快手联合中国网络社会组织联合会举办"大V用户正能量成长培训班",以塑造清风正气的快手社区。

快手是一个小社会,来自五湖四海的用户聚集在快手上,或传递自己的喜怒哀乐,或度过一天的闲暇时间,或完成养家糊口的工作;快手是一个博物馆,人们在这里记录和分享自己的生活,许多年后,人们可以通过快手上的一个个时代影像,读懂中国。总之,快手已经不再是一个单纯的互联网平台和短视频社区,而是成为时代的标识,伴随着社会发展而不断更新迭代,成为这个时代不可忽视的一部分。那么,研究者是如何看待快手的发展的呢?它的崛起是偶然因素造就的还是某种规律的必然结果?它所塑造和代表的文化是一种抵抗还是一种妥协?用户在快手平台上的媒介实践,是否体现了新媒体的"赋权"?接下来,笔者将综述学界现有的研究成果,对快手进行学理性分析。

三、相关研究:学者眼中的快手

近年来,以抖音和快手为代表的短视频平台快速崛起,逐渐融入大众的日常生活,成为不可忽视的传播媒介和文化现象,学界对快手的研究也日渐增多。笔者通过文献梳理发现,现有研究

[①] 龙安:《做正能量传播的推手和媒体融合发展的帮手》,《新闻战线》,2019年第23期,第29—30页。

的研究路径上主要分为应用研究、用户研究和文化研究;研究方法兼顾了案例分析、内容分析、问卷调查、民族志、深度访谈等;研究主题体现出"大而全,小而精"的特点。

(一) 探讨运营与传播策略的应用研究

作为移动互联网时代的媒介,以快手为代表的短视频应用天然地带有移动互联网的特征,因此,在探讨快手的运营与传播策略时,以移动互联网的特性为出发点成了多数研究者的选择。李淼认为,短视频依托新媒介技术赋能,以去深度的媒介语言表达"草根"诉求,以影像为媒介构建移动视频社交场景,从生产流程、媒介内容到传播模式都体现出鲜明的融媒特性,这一特性使得短视频比传统的长视频更能满足当今互联网用户的社交、娱乐需求。[①] 张铺秋和明小英从短视频的传播特点出发,以抖音、快手为例,从技术、媒介、受众、需求、传播五个角度分析了短视频迅速蹿红的原因及其背后创新性的发展策略,提出要重视精准推送带来的偏差,加强审核保证优质原创内容,并提出 IP 化发展的路径。[②]

除了融媒体特性以外,移动互联网的另一个典型特征就是"去中心化"。金文婧从生产的主体和题材两个方面分析了快手短视频生产的去中心化,从传播的推荐算法、互动功能、激励措施三个方面分析了其传播的去中心化,并最终得出了去中心化是移

---

① 李淼:《数字"新视界":移动短视频的社交化生产与融媒传播》,《中国编辑》,2019 年第 3 期,第 82—86 页。

② 张铺秋、明小英:《浅析短视频 APP 蹿红的原因及其发展策略——以"抖音""快手"为例》,《东南传播》,2019 年第 2 期,第 122—124 页。

动短视频取得成功的关键原因的结论。①

如果说去中心化是移动互联网环境下短视频成功的关键，那么UGC内容生产模式则是这一成功背后最重要的推手。杨乐怡以短视频行业的UGC价值再现为出发点，分析快手的差异化产品打造，总结了其所具备的平等赋权、简单极致、智能算法三种优势，并提出短视频行业存在内容创作力匮乏和内容监管成本高等问题。她认为，短视频能否找到一个可持续发展的运营模式、UGC价值如何被充分激发、快手的未来走向究竟如何，将取决于快手，也取决于整个行业的发展趋势。②王佳航从不同内容生产者互动的视角探讨当前以UGC为主的日常生活叙事扩散现象，通过内容分析发现快手短视频所具备的鲜明个性化等特征，并为新格局下媒体如何进行内容生产提出了加速平台化、加强协作式内容生产、探索新媒体叙事规律等对策建议。③

同时，也有学者开始反思UGC和算法推荐等技术带来的问题，比如隐私泄露与过度娱乐化。韩亚辉与王丹以快手用户为例探讨了社交平台上的自我呈现和共同隐私管理。两位研究者提出实现有效的共同隐私管理首先需要明确共同隐私边界；其次是经协商一致制定并遵守隐私规则，在隐私遭到非法侵犯时寻求相关

---

① 金文婧：《移动短视频内容生产与传播的去中心化研究——以快手短视频为例》，《新媒体研究》，2019年第10期，第19－20页。
② 杨乐怡：《重新崛起：短视频行业的UGC价值再现——以快手为例》，《新闻战线》，2017年第10期，第107－109页。
③ 王佳航：《新型把关模式下新闻客体的翻转叙事——以快手平台用户短视频为例》，《当代传播》，2019年第4期，第59－62页。

法律援助。① 周浩认为,为了博眼球、博效应,渴望成为网红的部分用户,将庸俗、低俗、媚俗的内容上传到平台,加之移动短视频超强的用户使用黏性,使三俗内容的危害进一步加深并扩散。而作为具有火爆话题性的现象级应用,快手必须让发展回归理性与正确价值导向,加强社会价值黏合、原创价值转型和时代价值导向。② 陈雪丽结合北京互联网法院一审审结的"花椒直播、微博、快手发布危险性视频被诉网络侵权案",阐释了网络视频平台需要承担安全保障义务的法理依据及其违反此项义务的责任认定问题。③

对以快手为代表的短视频平台的技术反思和法律责任探讨,有一定的启发性与实用价值。此类研究在所有对快手的已有研究中占比较大,多采用个案分析的方法,提出的运营模式与传播策略大同小异,研究的同质性较强,所给出的对策建议适用性如何,尚需实践的检验。

(二) 聚焦内容生产者与消费者的用户研究

快手作为互联网社区,聚集了大量的用户,其原因、表现和影响都值得研究。张恒宇和冯强以文化区隔与下层文化生产等理论为视角,探究快手成为下层青年聚集的网络空间背后的制度、

---

① 韩亚辉、王丹:《社交平台上的自我呈现与共同隐私管理——以快手用户为例》,《丽水学院学报》,2019年第6期,第45—50页。
② 周浩:《移动社交时代短视频的网络传播价值》,《出版广角》,2019年第1期,第70—72页。
③ 陈雪丽:《明辨网络视频平台的安全保障义务及其违法责任——释读花椒直播、微博、快手发布危险性视频侵权案》,《当代传播》,2020年第1期,第82—85页。

阶层和资本等影响因素。研究认为快手短视频的文化风格促成了其用户的群体认同，形成了独特的具有抗争意味的文化。快手用户创造的文化形式冲击了主流文化，二者之间产生了持久的冲突，并形成了以文化品位为标志的阶层符号边界。两位研究者倡导在研究网络文化时引入阶层视角，关注网络与文化实践如何参与塑造下层意识。[①]

用户在快手平台上扮演着与现实不同的角色与身份，他们的虚拟身份与现实身份之间的张力也成为研究者关注的焦点。正如刘楠和周小普所言，快手平台上的用户成为主动的视觉生产者，他们经技术赋权，在获得话语权的同时，也在自我表达、新身体叙事、商业逻辑异化之间寻求平衡。[②]朱靖江与高冬娟以快手为研究对象，通过互联网田野调查法观察虚拟社区中的文化表达与自我认同过程，揭示出以快手为代表的视频交互型虚拟社区在给予个体多元文化表达空间的同时，也使个体经由反身性方式不断重构身份认同。两位研究者认为这种自我认同既是信息技术发展的结果，或许也是个体感觉到被现象性世界"吞噬"却无力挣扎之后的自我超越。[③]

然而，快手用户在重构自我身份认同的过程中处于被"凝视"的状态，他们日常的自我呈现成为被消费的对象，落入商品

---

① 张恒宇、冯强：《品位分化与空间区隔：下层青年网络表演的社会意涵——对快手用户群体的研究》，《中国研究》，2019年第2期，第113—132页。
② 刘楠、周小普：《自我、异化与行动者网络：农民自媒体视觉生产的文化主体性》，《现代传播》，2019年第7期，第105—111页。
③ 朱靖江、高冬娟：《虚拟社区中自我认同的反身性重构——基于移动短视频应用"快手"的人类学研究》，《民族学刊》，2019年第4期，第47—53、112—114页。

的流通之中。刘娜和李小鹏将焦点对准了快手平台上的乡民群体，认为乡民们用"身体力行"的短视频创作，带来了话语权的提升以及乡村形象的改善。但在观众的审视以及对个人利益的追逐中，乡民们的身体也不断发生异化，逐渐沦为表演的工具，从乡土空间到赛博空间再到城市空间，乡村短视频中的乡民身体呈现实质上是当前乡村社会旧有文化秩序逐渐消解的反映。① 段鹏等研究者认为快手短视频平台的集合、再生产和分配呈现出"景观社会"的特征，用户面临着日常景观的商品化消费、主流资本消费体系的窄化进而收编的危机。②

  此类研究采取了多元的理论视角，结合深度访谈、民族志、问卷调查等综合研究方法，立足于一手资料，揭示出快手用户群体媒介使用的多种特性，不仅突破了对已有资料的归纳总结，而且拓展了整体研究的广度与深度。随着互联网的不断进化，快手用户个体的日常媒介使用早已连接在一起，形成一股强有力的文化表达。虚拟社区与现实生活逐渐融为一体，为从事文化研究的学者提供了广阔空间。杨慧与雷建军通过对民俗艺人关于"快手"的媒介使用的访谈分析，认为以"快手"为代表的互联网平台虽更像是无心插柳，但确实给予了乡村景观、民俗文化新的空间，并且给予了城乡文化对话的可能。③

---

  ① 刘娜、李小鹏：《乡村原创短视频中身体呈现的文化阐释——以快手 APP 中代表性账号及其作品为例》，《华中师范大学学报》，2020年第2期，第78—84页。
  ② 段鹏、李嘉琪、明蔚：《情境建构和资本收编：中国短视频平台的景观社会形塑——以对乡村用户的研究为例》，《新闻与传播评论》，2019年第4期，第18—27页。
  ③ 杨慧、雷建军：《乡村的"快手"媒介使用与民俗文化传承》，《全球传媒学刊》，2018年第4期，第140—148页。

（三）结合空间地域的文化研究

城市与乡村之间有许多差异，在互联网使用方面更是存在"数字鸿沟"。有学者认为，新媒体技术的发展带来的一个有利影响就是实现了对广大农村地区的技术赋权，突破了城乡之间的媒体隔离。快手是城乡文化进行对话的空间，因而成为文化研究者的关注焦点。姬广绪以青海省海东市互助土族自治县五十镇五十村年轻村民日常生活中快手短视频的制作和发布为例，揭示出当今的移动互联网实践对于消解传统城乡二元对立的特殊作用和意义。快手呈现出都市和乡村、线上空间和线下空间交叠的情景，展示出网络时代城乡文化并存的另外一种可能性。[①] 刘星铄与吴靖也在对城乡文化区隔现象的研究基础上，指出了农村文化能够在快手上变得"可见"的原因：第一，一种线上的乡村文化认同正在形成；第二，短视频作为一种"媒介瞬间"使得每一个普通人都能够记录自己的生活并且赋予生活中的琐事以意义；第三，这种"媒介瞬间"利用个人的力量打破了"媒介事件"和"媒介故事"中形成的城市对于乡村的文化霸权。[②]

在城乡文化对话的过程中，"土味文化"成了快手的文化标签。李彪以伯明翰文化研究学派的亚文化理论为视角，分析快手平台上新生代农民工的"土味文化"视频的视觉呈现及权力关系建构，认为"土味文化"具有四种基本属性：作为拼贴与同构的

[①] 姬广绪：《城乡文化拼接视域下的"快手"——基于青海土族青年移动互联网实践的考察》，《民族研究》，2018年第4期，第81—88页。

[②] 刘星铄、吴靖：《从"快手"短视频社交软件中分析城乡文化认同》，《现代信息科技》，2017年第3期，第111—113页。

风格化的混合性、被规训和被塑造的"身体展演"的神话性、基于群体性身份再生产和经济利益获取的非抵抗性、受主文化逆向抵抗和政治校正以及商业收编而产生的流动性。① 在生产"土味文化"的快手用户群体中，小镇青年是一股重要的力量。生奇志和涂明认为，以快手为阵地，小镇青年与城市文化进行了一次有限的对等交流，但这种文化趣味并非由快手创造，而是社会中数量庞大的小镇青年群体的原有文化在网络上聚集，快手只是小镇青年建构身份与文化认同的线上空间。② 孙黎和马中红运用目的性抽样法、内容分析法研究快手中小镇青年发布的城乡主题短视频，发现相关短视频主要以乡村场景为背景，以乡村人物为主角，多数依赖社交美化叙事和戏剧性叙事，集中表达了偏向正面的乡村情感和正负鲜明对立的城市情感，构建起以对立为主的城乡关系。这种对立源于处于结构夹缝中的小镇青年在短视频中的自我降格，他们在虚拟空间中展演"近乡土"的身份，试图以此对抗他们因主体被遮蔽而产生的"存在性焦虑"。③

此类研究将焦点放在快手用户的媒介使用上，结合对空间地域的分析，进行跨学科、跨阶层、跨地域的文化思考。这一类研究虽然数量不多，但都展现出较强的学理性和问题意识，尤其是对我国青年群体行为的反思，既具有较高的理论价值，也具有较强的现实意义。

---

① 李彪：《亚文化与数字身份生产：快手新生代农民工群体土味文化研究》，《东北师大学报》2020年第1期，第1—11页。

② 生奇志、涂明：《去魅与还原：基于快手的小镇青年媒介使用与媒介依赖研究》，《齐齐哈尔大学学报》2020年第2期，第152—157页。

③ 孙黎、马中红：《小镇青年的"快手"世界：城乡关系的个体叙事与情感表达》，《中国青年研究》，2019年第11期，第29—36页。

（四）日常生活的媒介实践

无论是探讨运营与传播策略的应用研究，还是聚焦内容生产者与消费者的用户研究，或是结合空间地域的文化研究，都离不开快手用户的媒介实践。用户通过使用快手参与社会、表达自我，形成了一道独特的社会景观。

在短视频出现以前，虽然"人人都有麦克风"，但普通人的声音并没有多少影响力，多数不过是"自说自话，没有人听"，尤其是我国广大的农民群体，分散在中国大地的各个角落，处于互联网社会的边缘地带。而随着移动互联网技术的发展，使用互联网工具进行记录与分享的门槛不断降低，以快手为代表的短视频的兴起，使得普通民众也可以与大众分享自己的想法与创意，传达出自己的声音。例如东北边境小城的"抓鱼直播"、云南侗族民众的"民俗带货"等普通大众日常生活的媒介实践，推动着我国互联网实现从"去中心化"到以人民群众为中心的"再中心化"的转变。杨蔚和孙天艺提出，快手和抖音的短视频传播运营的不同模式各有利弊，而行业发展表明"再中心化"是必然的趋势，但它不是传统意义上的中心化，而是源于短视频平台实现信息价值、提升效率、增强商业化能力的客观需要。[1] 移动互联网时代短视频平台的媒介实践走出了一条中国语境下的特色发展道路，为我国传播学研究的本土化提供了重要支撑。

---

[1] 杨蔚、孙天艺：《移动短视频两种传播逻辑及运营模式的比较——以"快手""抖音"为例》，《当代电视》，2019年第7期，第84—87页。

四、用户为王：快手如何形成内容生态

快手首席执行官宿华曾在接受采访时表示："我们把所有的用户抽象当成一个人来看，他相当于一个'社会平均人'。中国人口中只有7%在一线城市，93%的人口在二三线城市，所以这个'社会平均人'就落在了二三线城市。"正是在这样的用户理念的指导下，快手始终专注普通人的生活，给普通人提供自我呈现的舞台。从上游的内容创作服务，到中游的"短视频+"，再到下游的内容变现，快手构建了一条完整的产业链条，形成了生机勃勃的内容生态。

（一）上游：内容创作服务

快手始终坚持为内容生产者提供创作服务，确保平台的活力，单日上传新视频数量达到了千万级。首先，快手不断增强内容发布的便捷性。人工智能技术对移动设备的硬件要求很高，而多数快手用户使用的手机性能又相对有限，因此，快手对底层平台进行了定制化开发，研发了YCNN深度推理学习引擎，针对不同手机的硬件架构做了高度适配和性能优化，能够确保用户即使使用性能较差的手机，也能在拍摄视频时流畅使用各种功能，优化普通群体的使用体验。[①]

其次，快手通过开展创作培训来提升内容质量。2018年9

---

① 毛伟：《短视频新视域下发展传播学的中国范式》，《青年记者》，2020年第3期，第58—60页。

月，快手举办首期"快手幸福乡村创业学院"，借由农村短视频网红的特产销售经历，宣传"土味营销学"。2019年5月，快手推出线上电商学院，为用户提供电商能力方面的基础培训，并且面向社会招募讲师和培训内容的提供商。

最后，快手践行"公平普惠"的价值观，使得每一位内容创作者的作品都有机会在平台上展示。这不仅有利于提升用户创作内容的积极性，而且有利于丰富内容的多样性，降低观看者的审美疲劳。

（二）中游："短视频＋"

在快手诞生以前，不少互联网应用已经推出了短视频功能，但几乎都是"＋短视频"的工具思维，只是将原有内容简单地移植到短视频上，难以激发用户的观看兴趣。2012年11月，快手宣布向短视频社区转型，逐渐从"＋短视频"的工具思维向"短视频＋"的平台思维转变，相继上线了"直播""游戏""音乐""剧场"等功能，利用技术连接其他领域，打通行业之间的壁垒。

体育版块是快手内容生态的重要组成部分，快手高级副总裁马宏彬在参加"懒熊体育"举办的第四届体育嘉年华时表示，快手希望凭借人与人之间的黏性，帮助中超联赛、中国职业篮球联赛等合作者培养出一批真正的体育爱好者。快手在"短视频＋体育"的道路上进行垂直深耕，精准高效地连接起体育爱好者、专业运动员和无数粉丝，不仅可以让体育内容创作者获益，更能为体育产业"圈粉"，为推动全民健身贡献力量。

音乐与短视频是天然的盟友，音乐可以为短视频提供娱乐性强、吸引力足的内容，而短视频的形式也可以为歌曲提供现场感和感染力。2017年，快手成为音乐选秀节目《中国新歌声》的独家战略合作伙伴，音乐爱好者不仅可以在快手平台上同步观看比赛直播，而且可以为自己喜欢的歌手投票。2019年11月，快手联合QQ音乐、酷狗音乐、酷我音乐和全民K歌，共同发布"音乐燎原计划"，五大平台整合亿万资源，帮助音乐人出圈。

场景是继内容、形式与社交之后互联网的又一关键要素，快手正是通过"短视频＋"的方式，连接一个又一个业态，为用户搭建起所需的场景。以快手为代表的"短视频＋扶贫"的探索，既符合当下场景消费的趋势，也为脱贫攻坚提供了一条现实路径。陈孚认为快手平台的"短视频＋扶贫"模式，充分利用了快手短视频平台在视频内容、信息扩散以及流量变现等方面的优势，为贫困地区提供了经济和精神支持，有效地带动了贫困地区的经济发展。[①]

（三）下游：内容变现

首先，快手培育起了"老铁经济"。一方面，主播可以在直播间进行直播带货，将生产化妆品、服装、食品等商品的生产者与消费者连接起来，形成线上与线下相结合的销售模式。另一方面，借助智能技术，快手将广告融入短视频，用户可以通过点击短视频中出现的物品来触发广告链接，快速实现内容场景到消费场景的转换。比如在篮球教学类短视频中，表演者所穿的球衣、球鞋，所使用的篮球等都隐藏有购买链接。另外，拥有一定粉丝

[①] 陈孚：《基于快手平台的"短视频＋扶贫"初探》，《传播力研究》，2019年第18期，第117页。

基础的主播还可以与商品厂家建立合作关系，获得广告收入。

图 4-5　快手直播带货与商品广告

其次，快手开通了内容付费渠道。2018 年 6 月，"快手课堂"上线，一个月后付费用户累计突破 1 万人。2019 年 4 月，"快手课堂"更名为"快手付费内容"（图 4-6），知识生产门槛更低，内容选择更多元。平台的付费内容广场涵盖了影视、游戏、教育、音乐、美食、电商、舞蹈、运动、视频剪辑、绘画、手工、书法等方方面面，不仅可以向用户提供所需要的内容，而且也为优质内容创作者增加了收入。

图 4-6　快手付费内容"广场"页面

再次,快手为创作者提供流量分成。近年来,快手发布了一系列流量扶持计划,助力平台内容创作者的成长。比如,"创作者激励计划"通过 AI 匹配人与内容,自动为创作者的日常视频有选择性地添加与内容相匹配的广告,以发挥创作者的私域流量价值。据了解,快手平台的一位创作者通过该激励计划获得超过 3 万元的单日收入;在 2019 年"618"期间,快手创作者共获得了超过 6000 万的收益分成。此外还有商业社交生态产品"超级快接单",共允诺创作者 10 亿级的分成,"超级快接单"为创作者增加了更多维度的标签,在创作者画像、短视频、快直播等六项功能升级后,将大幅度提升创作者收入。①

---

① 《快手发布"光合计划",一年内 100 亿元流量扶持 10 万优质创作者》,36 氪,2019 年 7 月 23 日,https://baijiahao.baidu.com/s?id=1639842037702012605&wfr=spider&for=pc.

最后，快手帮助实现"IP 转化"。近几年 IP 的开发与转化已经成为内容产业的一股热潮。一方面，快手加强与拥有优质 IP 的机构合作，协助优质 IP 的孵化。2018 年 6 月，快手与中文在线达成战略合作。内容方面，鉴于快手有强大的数据分析能力及用户基础，中文在线具备海量的 IP 内容资源，双方拟合作对现有内容资源进行二次开发、宣传及推广，提高双方的内容吸引力。渠道方面，通过整合双方渠道资源，进一步扩大各自品牌影响力，为各自的产品推广提供更好服务。另一方面，快手培育了一批知名主播，如帮助知名主播出版书籍、举办主播培训班等，使得 IP 人格化，为平台聚拢流量。

总之，快手开拓了多元的内容变现渠道，使得优秀的内容创作者们不仅可以得到关注，也可以获得收益，实现内容的反哺。正是在这样的生态系统之中，优质内容实现了循环流动，分散在平台各处的用户被连接在一起。快手大数据研究院 2020 年 2 月 21 日发布的《2019 快手内容报告》显示，截至 2020 年年初，快手日活跃用户已超过 3 亿，2019 年共有 2.5 亿人在快手发布作品，快手应用上已经有近 200 亿条视频，累计点赞数超过 3500 亿次。这些"大"数据，充分展现了快手内容生态的繁荣与生机。

结　语

从最初的应用工具到现在的社区平台，短视频已成为大众日常生活重要的一部分。如今，各类短视频应用相继出现，抖音、快手、微视、西瓜、火山、花椒等展开了激烈竞争，短视频行业也逐渐趋于饱和。快手要继续保持行业的领先地位，仍需不断进化，不断革新。智能技术的发展推动社会向着万物互联的形态迈进，快手也需要积极探索，尊重互联网发展规律和社会运行法则，理解用户，服务用户，才能读懂时代的脉搏，真正实现记录时代、记录中国的愿景。

参考文献

一、著作

1. 罗家德：《复杂：信息时代的连接、机会与布局》，北京：中信出版社，2017年。

2. 快手研究院：《被看见的力量——快手是什么》，北京：中信出版社，2019年。

3. 邵培仁：《传播学》，北京：高等教育出版社，2000年。

4. 郭庆光：《传播学教程》，北京：中国人民大学出版社，2011年。

5. 徐继业，朱洁华，王海彬：《气象大数据》，上海：上海科学技术出版社，2018年。

二、译著

1.〔美〕曼纽尔·卡斯特：《网络星河：对互联网、商业和社会的反思》，郑波、武炜译，北京：社会科学文献出版社，2007年。

2. 〔美〕曼纽尔·卡斯特：《网络社会的崛起》，夏铸九等译，北京：社会科学文献出版社，2006年。

3. 〔加拿大〕马歇尔·麦克卢汉：《理解媒介：论人的延伸》，何道宽译，南京：译林出版社，2011年。

4. 〔英〕戴维·冈特利特：《网络研究：数字化时代媒介研究的重新定向》，彭兰等译，北京：新华出版社，2003年。

三、报刊文章

1. 师静，王秋菊：《微博时代的网络传播——访新浪网执行副总裁、总编辑陈彤》，《青年记者》，2011年第10期。

2. 黄楚新，刁金星：《我国微博发展的现状、问题与趋势》，《中国记者》，2018年第3期。

3. 涂光晋，陈敏：《媒体微博的内容特色与生产机制研究——以三家报纸的官方微博为例》，《现代传播》，2013年第3期。

4. 张子华：《微博的传播机制及影响力分析——以新浪微博为例》，《科技传播》，2016年第2期。

5. 沈阳，冯杰：《两微一端重大事件信息扩散模式对比研究》，《现代传播》，2019年第2期。

6. 向安玲，沈阳，罗茜：《媒体两微一端融合策略研究——基于国内110家主流媒体的调查分析》，《现代传播》，2016年第4期。

7. 杜晴晴：《新浪微博的盈利模式及发展建议》，《新闻世界》，2015年第5期。

8. 杨剑锋：《原生态与日常化：微博新闻的本质特征》，《新闻知识》，2013年第12期。

9. 徐占品，李思怡：《突发自然灾害事件中的微博传播研究——以新浪微博为例》，《新闻爱好者》，2013年第11期。

10. 陈兴蜀，常天祐，王海舟，赵志龙，张杰：《基于微博数据的"新冠肺炎疫情"舆情演化时空分析》，《四川大学学报》，2020年第2期。

11. 张玥，孙霄凌，朱庆华：《突发公共事件舆情传播特征与规律研究——以新浪微博和新浪新闻平台为例》，《情报杂志》，2014年第4期。

12. 张征，何苗：《微博新闻对社会问题的追溯现象研究——以新浪微博学生中毒事件报道为例》，《国际新闻界》，2013年第12期。

13. 邓秀军，刘静：《主体关系视域下微博反腐舆论生成中的用产行为模式研究——基于对新浪微博"表哥"事件的社会计算分析》，《新闻与传播研究》，2013年第12期。

14. 范敬群，贾鹤鹏，张峰彭，光芒：《争议科学话题在社交媒体的传播形态研究——以"黄金大米事件"的新浪微博为例》，《新闻与传播研究》，2013年第11期。

15. 杨洸：《社会化媒体舆论的极化和共识——以"广州区伯嫖娼"之新浪微博数据为例》，《新闻与传播研究》，2016年第2期。

16. 尹连根：《结构·再现·互动：微博的公共领域表征》，

《新闻大学》，2013年第2期。

17. 余秀才，朱梦琪：《微博、公共领域与后现代文化》，《现代传播》，2015年第2期。

18. 刘立刚，李威：《微博传播对公民意识形成的负面影响分析》，《新闻知识》，2013年第9期。

19. 郭讲用：《微博约架：传媒公共领域的实践困境》，《当代传播》，2013年第3期。

20. 盛东方，剧晓红：《基于社会化分享模式的信息共享用户与其行为特征识别——以新浪微博为例》，《情报科学》，2018年第8期。

21. 吴敏琦：《微博用户日常生活信息获取行为模式及其影响因素研究》，《情报科学》，2013年第1期。

22. 孙会，李丽娜：《高频次转发微博的特征及用户转发动机探析——基于新浪微博"当日转发排行榜"的内容分析》，《现代传播》，2012年第6期。

23. 李先知，金兼斌：《集体化共同圈：社交媒体的网络生态格局》，《现代传播》，2013年第12期。

24. 胡翼青，沈伟民：《艰难的嵌入：反思"两微一端"的当代社会实践》，《编辑之友》，2018年第6期。

25. 涂光晋，陈敏：《媒体微博的内容特色与生产机制研究——以三家报纸的官方微博为例》，《现代传播》，2013年第3期。

26. 向安玲，沈阳，罗茜：《媒体两微一端融合策略研究——基于国内110家主流媒体的调查分析》，《现代传播》，2016年第4期。

27. 徐宇霏，韩颖：《浅析微博营销模式及其价值》，《农村经济与科技》，2018年第6期。

28. 赵迎希：《微博营销浅析》，《中国商论》，2018年第2期。

29. 叶骏强：《微博营销眼球经济发展现状及对策研究》，《中国报业》，2017年第15期。

30. 马尚平，富芳，谢玉萍：《微博营销策略及其运用研究——以京东商城为例》，《农村经济与科技》，2017年第15期。

31. 郭艳：《电商网红营销模式探析——以张大奕为例》，《中国市场》，2017年第19期。

32. 赵怡然：《传播学视角下"网红"粉丝营销模式研究》，《新闻研究导刊》，2017年第19期。

33. 刘振声：《社交媒体依赖与媒介需求研究》，《新闻大学》，2013年第1期。

34. 叶虎：《微传播环境下我国网络流行语论析》，《现代传播》，2016年第7期。

35. 李彪，郑满宁：《从话语平权到话语再集权》，《国际新闻界》，2013年第7期。

36. 邓晓旭，孙莹：《从"郭美美事件"看微博的舆论监督力量》，《新闻知识》，2012年第2期。

37. 吴双：《浅谈微博传播公益——从电影"亲爱的"谈起》，《新闻传播》，2015年第1期。

38. 陆平：《从"微博打拐"到"免费午餐"——访媒体人邓飞》，《现代企业文化》，2016年第10期。

39. 陈世华：《微博参与社会治理：理论依据和实践路径》，

《中国出版》，2015年第8期。

40. 邓明通，刘学军，李斌：《基于用户偏好和动态兴趣的多样性推荐方法》，《小型微型计算机系统》，2018年第9期。

41. 李超逸，张仰森，佟玲玲：《一种基于社区发现的微博个性化推荐算法》，《微电子学与计算机》，2017年第6期。

42. 吴敏琦：《微博用户日常生活信息获取行为模式及其影响因素研究》，《情报科学》，2013年第1期。

43. 韩传喜，黄慧：《双重驱力：偶像养成时代粉丝行为动机研究——基于周杰伦和蔡徐坤双方粉丝打榜事件》，《哈尔滨工业大学学报》，2020年第2期。

44. 曾洪玺，王中伟：《新媒体环境下粉丝文化探究》，《新闻论坛》，2018年第2期。

45. 田素梅：《数据平台及数据仓库的建设——以淘宝网为例》，《计算机光盘软件与应用》，2014年第13期。

46. 李海龙，龚海刚：《大数据系统综述》，《中国科学》，2015年第1期。

47. 单鹏：《基于C2C网络购物平台的用户体验研究》，江南大学硕士学位论文，2011年。

48. 吴瑜：《人机交互设计界面问题研究》，武汉理工大学硕士学位论文，2004年。

49. 崔丽丽，王骊静，王井泉：《社会创新因素促进"淘宝村"电子商务发展实证分析——以浙江丽水为例》，《中国农村经济》，2014年第12期。

50. 曾亿武，邱东茂，沈逸婷，郭红东：《淘宝村形成过程研究：以东风村和军埔村为例》，《经济地理》，2015年第12期。

51. 舒昕：《购物网站受众本位交互设计研究》，湘潭大学硕士学位论文，2012年。

52. 苏倩：《基于中国C2C电子商务网站的用户体验研究》，北京邮电大学硕士学位论文，2011年。

53. 田纪君：《电子商务网站界面交互设计与审美研究》，浙江农林大学硕士学位论文，2013年。

54. 孟凡杰：《购物类网站从桌面端向手机端移动化的交互设计研究》，江南大学硕士学位论文，2014年。

55. 马文彬、徐延章：《购物APP交互设计的用户体验艺术——以淘宝为例》，《美术与时代·创意（上）》，2016年第4期。

56. 路征，张益辉，王珅，董冠琦：《我国"农民网商"的微观特征及问题分析——基于对福建某省"淘宝镇"的调查》，《情报杂志》，2015年第34卷第12期。

57. 陈然：《地方自觉与乡土重构："淘宝村"现象的社会学分析》，《华中农业大学学报（社会科学版）》，2016年第3期。

58. 董运生，傅园园：《合法性悖论：淘宝村民间团体的生存困境》，《江海学刊》，2016年第4期。

59. 王瑛：《基于产业集群新理论的淘宝村同质化竞争研究——以江苏省东台淘宝村为例》，南京大学硕士学位论文，2016年。

60. 张灿：《论电子商务产业集群的形成机制——基于"淘宝第一村"的案例研究》，《区域经济评论》，2015年第6期。

61. 胡卉然，朱舒依，李硕等：《关于淘宝村网商发展策略的研究——以中国"网店第一村"浙江义乌青岩刘村为例》，《中国市场》，2015 年第 45 期。

62. 方师师：《关于搜索引擎的隐喻及对其内容呈现的反思》，《青年记者》，2019 年第 22 期。

63. 黄潜：《数据赋能 阿里妈妈"智变"：打造"品销合一"超级媒体》，《中国经营报》，2015 年 5 月 23 日。

64. 李华，沈穷竹：《解读搜索引擎的话语权力》，《学理论》，2009 年第 16 期。

65. 韩晶：《百度贴吧与网络自由表达》，《青年记者》，2008 第 32 期。

66. 王玮：《百度贴吧的传播特征、问题及启示》，《新媒体与社会》，2015 年第 2 期。

67. 楼建坤，陈泽玺，国秋华：《搜索引擎的"把关"特征与危机》，《新媒体研究》，2017 年第 3 期。

68. 靖鸣，臧诚：《微博对把关人理论的解构及其对大众传播的影响》，《新闻与传播研究》，2013 年第 2 期。

69. 郭小平：《论搜索引擎与网络传播的道德与法律——百度"垄断门"的启示》，《今传媒》，2009 年第 4 期。

70. 彭兰：《WEB 2.0 在中国的发展及其社会意义》，《国际新闻界》，2007 年第 10 期。

71. 龙安：《做正能量传播的推手和媒体融合发展的帮手》，《新闻战线》，2019 年第 23 期。

72. 李淼：《数字"新视界"：移动短视频的社交化生产与融媒传播》，《中国编辑》，2019 年第 3 期。

73. 张铺秋，明小英：《浅析短视频 APP 蹿红的原因及其发展策略——以"抖音"、"快手"为例》，《东南传播》，2019 年第

2 期。

74. 金文婧：《移动短视频内容生产与传播的去中心化研究——以快手短视频为例》，《新媒体研究》，2019 年第 10 期。

75. 杨乐怡：《重新崛起：短视频行业的 UGC 价值再现——以快手为例》，《新闻战线》，2017 年第 10 期。

76. 王佳航：《新型把关模式下新闻客体的翻转叙事——以快手平台用户短视频为例》，《当代传播》，2019 年第 4 期。

77. 韩亚辉，王丹：《社交平台上的自我呈现与共同隐私管理——以快手用户为例》，《丽水学院学报》，2019 年第 6 期。

78. 周浩：《移动社交时代短视频的网络传播价值》，《出版广角》，2019 年第 1 期。

79. 陈雪丽：《明辨网络视频平台的安全保障义务及其违法责任——释读花椒直播、微博、快手发布危险性视频侵权案》，《当代传播》，2020 年第 1 期。

80. 张恒宇，冯强：《品位分化与空间区隔：下层青年网络表演的社会意涵——对快手用户群体的研究》，《中国研究》，2019 年第 2 期。

81. 刘楠，周小普：《自我、异化与行动者网络：农民自媒体视觉生产的文化主体性》，《现代传播》，2019 年第 7 期。

82. 朱靖江，高冬娟：《虚拟社区中自我认同的反身性重构——基于移动短视频应用"快手"的人类学研究》，《民族学刊》，2019 年第 4 期。

83. 刘娜，李小鹏：《乡村原创短视频中身体呈现的文化阐释——以快手 APP 中代表性账号及其作品为例》，《华中师范大学学报》，2020 年第 2 期。

84. 段鹏，李嘉琪，明蔚：《情境建构和资本收编：中国短视频平台的景观社会形塑——以对乡村用户的研究为例》，《新闻与传播评论》，2019年第4期。

85. 杨慧，雷建军：《乡村的"快手"媒介使用与民俗文化传承》，《全球传媒学刊》，2018年第4期。

86. 姬广绪：《城乡文化拼接视域下的"快手"——基于青海土族青年移动互联网实践的考察》，《民族研究》，2018年第4期。

87. 刘星铄，吴靖：《从"快手"短视频社交软件中分析城乡文化认同》，《现代信息科技》，2017年第3期。

88. 李彪：《亚文化与数字身份生产：快手新生代农民工群体土味文化研究》，《东北师大学报》，2020年第1期。

89. 生奇志，涂明：《去魅与还原：基于快手的小镇青年媒介使用与媒介依赖研究》，《齐齐哈尔大学学报》，2020年第2期。

90. 孙黎，马中红：《小镇青年的"快手"世界：城乡关系的个体叙事与情感表达》，《中国青年研究》，2019年第11期。

91. 杨蔚，孙天艺：《移动短视频两种传播逻辑及运营模式的比较——以"快手""抖音"为例》，《当代电视》，2019年第7期。

92. 毛伟：《短视频新视域下发展传播学的中国范式》，《青年记者》，2020年第3期。

93. 陈孚：《基于快手平台的"短视频+扶贫"初探》，《传播力研究》，2019年第18期。

94. 朱宇琛：《电视剧网络版权市场不景气乐视网分销受

阻》,《上海证券报》,2012年4月26日。

95. 曹英,刘雅卓:《媒体融合发展序幕开启》,《中国经济时报》,2014年8月25日。

四、网络文献

1. 中国互联网信息中心:第46次《中国互联网络发展状况统计报告》,中华人民共和国中央人民政府网,2020年9月29日,http://www.gov.cn/xinwen/2020－09/29/content_5548176.htm.

2. 林北辰:《快看 微博2020年第一季度财报:月活跃用户达5.5亿》,新浪财经,2020年5月19日,http://finance.sina.com.cn/roll/2020－05－19/doc-iirczymk2482234.shtml.

3.《新浪发布2013年第四季度财报》,新浪科技,2014年2月25日,http://tech.sina.com.cn/i/2014－02－25/05329188789.shtml.

4.《新浪微博换标 更名为"微博"》,腾讯科技,2014年3月27日,https://tech.qq.com/a/20140327/023647.htm.

5.《2017微博用户发展报告》,搜狐网,http://www.sohu.com/a/214399432_465232.

6. 吴俊宇:《那些无法量化的微博价值》,艾瑞咨询,2020年5月21日,http://column.iresearch.cn/b/202005/889555.shtml.

7. 新浪微博数据中心:《2018新浪微博用户发展报告》,知识库,http://www.useit.com.cn/thread-22578-1-1.html.

8. 卫向军:《亿级用户下的新浪微博平台架构》,Info Q,

2015年1月19日，http：//www.infoq.com/cn/articles/weibo-platform-archieture.

    9.《微博首席架构师杨卫华：新浪微博技术架构分析》，新浪科技，2010年11月16日，http：//tech.sina.com.cn/i/2010-11-16/14434871585.shtml.

    10.新浪微博财报：《2015年Q3新浪微博净利1450万美元同比扭亏》，中国互联网数据资讯网，2015年11月19日，http：//www.199it.com/archives/407317.html.

    11.姜贵彬：《大数据驱动下的微博社会化推荐》，腾讯云，2018年6月6日，https：//cloud.tencent.com/developer/article/1143853.

    12.张石雨：《新浪微博背后的那些算法剖析》，中国大数据产业观察，2015年1月19日，http：//www.cbdio.com/BigData/2015-01/19/content_2282792.htm.

    13.《郭美美红十字会事件》，维基百科，https：//zh.wikipedia.wikimirror.org/wiki/郭美美红十字会事件.

    14.《周杰伦PK蔡徐坤，惊动人民日报》，《吉林日报》，2019年7月22日，https：//baijiahao.baidu.com/s?id=1639718926199324889&wfr=spider&for=pc.

    15.《人民日报时评：追星当有规则意识》，搜狐网，2019年12月2日，https：//www.sohu.com/a/357744382_201798.

    16.《"Z世代"会怎么改变世界?》，红星新闻，2020年1月13日，https：//baijiahao.baidu.com/s?id=1655604975624676028&wfr=spider&for=pc.

    17.《人民日报谈粉丝文化：对这一热情正面引导，有助于鼓舞年轻人》，北晚新视觉网，2019 年 11 月 28 日，https://baijiahao.baidu.com/s?id=1651428402842798708&wfr=spider&for=pc.

18.《图解阿里 FY 2019 财报》，新浪财经，2019 年 5 月 15 日，http://finance.sina.com.cn/stock/relnews/us/2019-05-15/doc-ihvhiqax8952413.shtml.

19.《阿里巴巴 2019 财年第四季度及全年财报》，新浪财经，2020 年 5 月 20 日，https://max.book118.com/html/2019/0520/8061030043002024.shtm.

20.《第 45 次中国互联网络发展状况统计报告》，中国互联网信息中心（CNNIC），2020 年 9 月 25 日，https://www.cnnic.net.cn/hlwfzyj/hlwxzbg/hlwtjbg/202004/P020200428596599037028.pdf.

21.《2007 年中国网络购物规模达 561 亿元》，联商网，2008 年 2 月 15 日，http://www.linkshop.com.cn/web/archives/2008/86617-shtml.

22.《2019 年 6 月淘宝最新用户规模已达 7.55 亿：第一季度大增 3400 万》，新科网，2019 年 8 月 16 日，https://www.xker.com/a/24805.html.

23.《历年天猫双十一成交额统计数据汇总（2009 年至 2020 年）》，世界财富网，2020 年 11 月 2 日，http://www.worldrich.net/gupiao/122626.html.

24.《2019 年 B2C 市场份额：天猫、京东、拼多多"三巨头"格局形成》，搜狐网，2020 年 6 月 6 日，https://www.sohu.com/a/400072770_322372.

25.《马云的"大数据"，做淘宝不是为了卖货，而是为了获取数据》,观察者网,2014年12月2日,http://www.guancha.cn/economy/2014_12_02_302187.shtml.

26.《淘宝大数据之路》,搜狐网,2016年11月6日,https://www.sohu.com/a/118278018_466839.

27.《关系数据库》,百度百科,2020年2月18日,https://baike.baidu.com/item/%E5%85%B3%E7%B3%BB%E6%95%B0%E6%8D%AE%E5%BA%93/1237340?fr=aladdin.

28. 新钛云服:《Oracle RAC集群结构》,百家号,2018年10月30日,https://baijiahao.baidu.com/s?id=1615710290119341887&wfr=spider&for=pc.

29.《淘宝(大数据库应用)》,CSDN,2015年8月22日,https://blog.csdn.net/tjjzs/article/details/47857401.

30.《手机淘宝流量比PC端增长三倍以上》,杭州政府网,2016年3月4日,http://www.hangzhou.gov.cn/art/2016/3/4/art_812266_419160.html.

31.《PC电商已死,淘宝将彻底无线化?淘宝新的运营趋势又是什么》,开淘网,2018年7月11日,http://www.kaitao.cn/article/201603300957350559.htm.

32.《淘宝为什么拼了命也要做内容化和社交化》,今日头条,2016年4月28日,http://www.toutiao.com/i6278632325064425896/.

33.《数据干货,2015全年APP价值榜终极解》,搜狐网,2016年1月6日,http://it.sohu.com/20160106/n433702680.shtml.

34.《马云的社交情结:投资新浪微博就能SNS化?》,虎嗅网,2012年11月20日,https://www.huxiu.com/article/

6151/1.html.

35.《张勇：社区化、内容化和本地生活化是未来淘宝三大方向》，新浪财经，2016年3月29日，https：//finance.sina.com.cn/roll/2016-03-29/doc-ifxqsxic3556214.shtml.

36.《淘宝第一女主播薇娅：一年引导成交额超27亿》，搜狐网，2019年1月10日，https：//www.sohu.com/a/288055202_329412.

37.《百度市值空间还有多大》，腾讯新闻，2021年1月23日，http：//new.qq.com/rain/a/20210123A052p900.

38. 中国互联网信息中心：《第45次中国互联网络发展状况统计报告》，2020年4月28日，https：//www.cnic.net.cn/hlwfzyj/hlwxzbg/hlwtjbg/202004/P020200428596599037028.pdf.

39. 直播眼资讯：《2020淘宝直播盛典：未来将帮助十万名中小主播月入过万》，百家号，2020年3月31日，https：//baijiahao.baidu.com/s?id=1662659022052334825&wfr=spider&for=pc.

40."百度贴吧"词条，百度百科，http：//baike.baidu.com/item/贴吧/122101?fr=aladdin.

41.《2011年中国搜索引擎市场规模达187.8亿元》，艾瑞咨询，2012年3月20日，http：//search.iresearch.cn/14/20120113/161449.shtml.

42.《受"魏则西事件"打击，百度股价重挫8%》，腾讯证券，2016年5月3日，http：//stock.qq.com/a/201605031003691.htm.

43.《2016年第1季度中国搜索引擎运营商市场规模为178.2亿元人民币》，易观分析，2020年6月28日，http：//www.analysys.cn/view/report/detail.html?columned=22&articled=18670，2016-

05-10.

44.《百度调整竞价排名收入影响几何》,搜狐网,2016年5月9日,http://mt.sohu.com/20160510/n448751242.shtml,2016-05-10.

45.《央视曝光百度推广链接内幕:虚假网站可轻松过审》,新华网,2011年8月16日,http://news.xinhuanet.com/newmedia/2011-08/16/c_121863255.htm,2011-08-16.

46.《图解阿里FY 2019财报》,新浪财经,2019年5月15日,http://finance.sina.com.cn/stock/relnews/us/2019-05-15/doc-ihvhiqax8952413.shtml.

47.新浪财经:《阿里巴巴2019财年第四季度及全年财报》,原创力文档,2020年5月20日,https://max.book118.com/html/2019/0520/8061030043002024.shtm.

48.《TalkingData:快手用户人群洞察报告》,互联网数据资讯网,2018年11月12日,http://www.199it.com/archives/798021.html.

49.《快手&秒钟:2019年快手创作者生态报告》,互联网数据资讯网,2019年7月24日,http://www.199it.com/archives/911365.html.

50.《一小时卖货破上百万 快手今年这场扶贫直播火了》,人民网,2019年6月16日,http://it.people.com.cn/n1/2019/0616/c1009-31154572.htm.

51.《快手给入驻的MCN分了四个等级,"管"的越来越细了》,腾讯网,2019年8月7日,https://new.qq.com/omn/20190807/20190807A0DTK400.html.

52.《快手MCN发展报告发布 总播放量超过2000亿》,腾讯网,2019年6月27日,https://tech.qq.com/a/20190627/001175.htm.

53.《快手打击恶意炒作低俗八卦,封禁高粉账号百余个人》,人民网,2019年9月27日,http://media.people.com.cn/GB/n1/2019/0927/c40606-31375642.html.

54.《快手发布"光合计划",一年内100亿元流量扶持10万优质创作者》,36氪,2019年7月23日,https://baijiahao.baidu.com/s?id=1639842037702012605&wfr=spider&for=pc.

后 记

《中国网媒研究》成书于2020年夏季，我与几名博士生对国内四个不同类型的知名网站的发展脉络进行梳理，以便较为宏观的认知其媒介化进程。

在信息化的今天，世界互联网发展已成蔚为大观之势，在这其中，中国的互联网发展也在齐头赶上，无论是已经处于行业领头地位的大型网站还是新兴的个性化网站，皆在这股新媒体发展的大潮中寻求着更佳的技术发展和市场扩展，因此，每一个网站的发展历程都极具代表性地展现出中国互联网发展的特色与问题。为明晰不同网站的具体发展，我与几名博士生共同承担了本书的编写工作。这本书的成稿过程大致如下：先由我提出了书写的基本思路并拟定详细的写作提纲，然后再分工写作；书稿形成后由刘肇坤负责整理，并完成目录编制、文字校对等事务性工作，最后由我统稿。本书撰写人员具体如下：前言——蒋晓丽；第一章——马翠华；第二章——刘肇坤；第三章——贾晓宇；第四章——杨钊。

本书从历史、技术、市场等几个方面细致分析了国内具有代表性的四个垂直网站，主要采用了理论阐述和案例分析有机结合的方式。关于这四个中国互联网平台的分析,也只触及中国蓬勃发展的互联网行业的冰山一角。本书希望能通过这种细致的分析,达到"管中窥豹"的效果,但仍感心有余而力不足,未尽之处只能做"抛砖引玉"之用,希望读者能在阅读过程中帮助我们不断修正与完善。

感谢我们在编写过程中所参考、借鉴的大量学术专著、期刊论文,以及报纸、网站文章的作者们。虽然我们尽量通过脚注和参考书目的形式做到对这些成果的规范引用,但由于资料较多,难免有遗漏,在此深表歉意并恳请海涵,同时希望诸君不吝赐教,以便今后修订时能逐一标明。

感谢给予本书大量支持的各位专家、同行与朋友们!

蒋晓丽